Zinnfiguren
Zinnsoldaten
Zinngeschichte

Curt F. Kollbrunner

Zinnfiguren
Zinnsoldaten
Zinngeschichte

unter Mitarbeit von Peter M. Mäder,
Restaurator am Schweizerischen Landesmuseum, Zürich

Hirmer Verlag München

CIP—Kurztitelaufnahme der Deutschen Bibliothek

Kollbrunner, Curt F.:
Zinnfiguren, Zinnsoldaten, Zinngeschichte/Curt F.
Kollbrunner. Unter Mitarb. von Peter M. Mäder. –
München: Hirmer, 1979.
  ISBN 3-7774-3110-9

Photolithos: Atesa Argraf SA, Genf
Satz und Druck: Paul Attinger SA, Neuenburg
Buchbinderische Verarbeitung: Mayer & Soutter SA, Renens-Lausanne
Herstellung und Gestaltung: Claude Chevalley

Alle Rechte vorbehalten
    1979 Office du Livre, Fribourg
    und Hirmer Verlag, München
ISBN 3-7774-3110-9

Printed in Switzerland

Inhaltsverzeichnis

Einführung	7
Flache Zinnfiguren als Spielzeug von ca. 1700 bis nach dem Ersten Weltkrieg (von Peter M. Mäder)	15
Herstellung von Zinnfiguren	45
Quellenforschung	45
Zeichnung	46
Gravur	46
Guß	48
Entgratung	51
Bemalung	51
Aufstellung von Zinnfiguren	59
Aufbewahrung und Lagerung	59
Dioramen	60
Zwei Beispiele aus der Geschichte	69
Die Schlacht bei Issos (333 v. Chr.)	69
Die Schlacht bei Cannae (216 v. Chr.)	71
Einzelfiguren, Gruppen und Dioramen	76
Urzeit und Frühzeit	76
Altertum (3000 v. Chr.–500 n. Chr.)	76
Mittelalter (500–1650)	111
Neuzeit (1650–1860)	141
Neueste Zeit (1860 bis heute)	177
Anhang	199
Ausstellungen von Zinnfiguren in Museen	201
Katalog der Zinnfigurengießer und -graveure von ca. 1700 bis 1900 (von Peter M. Mäder)	203
Auswahlbibliographie	219

Einführung

In den letzten vierzig Jahren hat sich die flache Zinnfigur dank ausgezeichneter Herstellungstechniken zu einem kleinen Kunstwerk entwickelt. Waren Zinnfiguren vor der letzten Jahrhundertwende und im frühen 20. Jahrhundert hauptsächlich Kinderspielzeug und Massenware, so erfuhren sie nun durch die Wünsche und Vorstellungen zahlreicher Sammler in Deutschland, Frankreich und der Schweiz eine echte Aufwertung.

Während der letzten Jahrzehnte entstanden so zu erschwinglichen Preisen sehr reizvolle, kulturhistorisch orientierte Neuheiten, die als Einzelstücke, in einfachen Aufstellungen oder in kleinen und großen Dioramen aus den privaten Räumen der Sammler zu kurzfristigen Ausstellungen oder auch für immer in die Museen gelangten.

Neben der flachen Zinnfigur hat auch die vollplastische den Aufstieg vom allgemeinen Kinderspielzeug zum Sammelobjekt der Erwachsenen mitgemacht. Ihr direkter Vorfahre ist der dicke Bleisoldat, der, sofern er ein krummbeiniger Reiter war, mit seinem Dorn in das Loch auf dem Pferderücken gesteckt wurde. Doch die Ahnenreihe läßt sich bis in vorchristliche Zeiten zurückverfolgen.

In den Grabkammern des alten Ägypten waren Dienerfiguren aufgestellt, bemalte Statuetten aus Kalkstein von 20 bis 45 Zentimetern Höhe. Darüber hinaus fand man auch in Holz geschnitzte Figuren der Dienerschaft mit Geräten, Wagen, Booten, Häusern, Ställen und Vieh.

Was hier jedoch besonders interessiert, sind die Soldatenfiguren. Im Grabmal des Gaufürsten Mesehti in Asiut, Oberägypten, stieß man auf bemalte Holzsoldaten, die von Marcel Baldet in *Von der Tonfigur zum Zinnsoldaten* (1962; vgl. Bibliographie) als Ahnen aller Militärfiguren angesehen werden. Diese Holzmodelle von etwa 40 Zentimetern Höhe stellen Ägypter dar, die Speer und Schild tragen, und Nubier, die mit Pfeil und Bogen bewaffnet sind. Jede Gruppe umfaßt vier verschiedene Brettchen zu je zehn Soldaten; die Offiziere stehen auf eigenen Brettchen.

Da sich die Schöpfer dieser Figuren getreu an die Wirklichkeit hielten, schufen sie schon um 2000 v. Chr. realistische Abbilder nicht nur des ägyptischen Alltags, sondern auch von kampfbereiten, leicht- und schwerbewaffneten Kriegern. Ausgehend von diesen Vorlagen, sind in den letzten Jahrzehnten die schönsten Zinnfiguren entworfen und hergestellt worden.

Wie in Paul Martins Buch *Der standhafte Zinnsoldat* (1961) nachzulesen ist, hat man bei Rossegg in Kärnten ein aus Zinn und Blei gegossenes Reiterlein

Einführung

ausgegraben und weitere Figürchen gefunden, die ungefähr aus der Wende vom zweiten zum ersten Jahrtausend v. Chr. stammen. Hier handelt es sich meiner Meinung nach um die wirklichen Ahnen unserer heutigen Zinnsoldaten und Zinnfiguren.

Im 17. Jahrhundert werden Soldaten aus Blei oder Zinn zum königlichen Spielzeug. So erhielt der junge Ludwig XIII. von Frankreich eine Reihe runder, schwerer Bleisoldaten, und Ludwig XIV. besaß mit zwölf Jahren eine Armee von »silbernen« Soldaten aller Waffengattungen, die um 1650 in Paris hergestellt worden waren und sich teilweise bewegen ließen. Sie kosteten die stolze Summe von mehr als 50 000 Talern. Der Sonnenkönig gab für den »Dauphin« eine Bestellung weiterer wertvoller Soldaten samt einer Festung bei dem bekannten Zinngießer- und Mechanikermeister Gottfried Hautsch in Nürnberg auf. Die Figuren, viele Hunderte an der Zahl, konnten mit Hilfe eines Uhrwerks verschiedene Bewegungen ausführen. Leider sind sie verschollen.

In der zweiten Hälfte des 18. Jahrhunderts, mit dem Kriegsruhm Friedrichs des Großen, erobern Zinnsoldaten zu Fuß und zu Pferd die Kinderspielzimmer. Wenn auch die meisten dieser Figuren verlorengegangen sind, haben sich doch noch relativ viele Miniatursoldaten bis in unsere Tage erhalten. Meist wurden nur die Uniformen gemalt, während Gesicht und Hände sowie die Pferde blank blieben. Als Vorlagen dienten Bilderbögen.

Zentren der Zinnfigurenherstellung waren Nürnberg mit der Werkstatt von J. Hilpert, des weiteren Fürth, Aarau und Straßburg. Im 19. Jahrhundert zeichnen sich jeweils über mehrere Generationen die von E. Heinrichsen in Nürnberg und J. C. Allgeyer in Fürth gegründeten Offizinen aus. Doch auch anderwärts bestanden seit der ersten Hälfte des 19. Jahrhunderts Werkstätten, die Spielzeug-Zinnfiguren herstellten; in Hannover war es J. E. du Bois, in Berlin G. Söhlke, in Göttingen C. Weygang.

Es sind die Zinnsoldaten, die, bedingt durch die kriegerischen Auseinandersetzungen des 18. und 19. Jahrhunderts, zahlenmäßig überwiegen. Doch gibt es daneben auch sehr schöne Serien mit Tieren, Jahrmärkten, Zirkuskünstlern, Kriegern aus dem Altertum, Turnierrittern usw. Auf die historische Entwicklung der Spielzeugfigur geht Peter M. Mäder im nachfolgenden Kapitel ausführlich ein.

Mit dem Beginn des Ersten Weltkrieges verknappt sich das Zinn. Die Legierungen werden immer schlechter, und die Figuren brechen jetzt sehr rasch, wenn man sie verbiegt. Dennoch entstehen außerordentlich viele neue Serien, die

Einführung

nach dem Kriegsende noch zunehmen. Deutsche, Österreicher, Ungarn, Franzosen, Italiener, Engländer, Russen und Amerikaner, Soldaten aller Waffengattungen, werden angeboten. Zu Beginn des Krieges tragen sie teilweise noch bunte, später jedoch ausschließlich in feldgrauen und anderen stumpfen Tönen gehaltene Uniformen. Die eintönige, menschenmordende Welt der Marneschlachten, der masurischen Sümpfe, die Welt der Schützengräben, Drahtverhaue, Maschinengewehre, Gasmasken, primitiven Flammenwerfer und ersten Tanks bestimmt zunehmend auch die Zinnfigurenproduktion.

Wenn auch die Zinn- und Bleisoldaten als Kinderspielzeug viel von ihrer früheren Anziehungskraft verloren haben, scheinen doch Sandkastenspiele, die Offiziere aller Länder mit den kleinen Soldaten durchführen, recht beliebt zu sein. Ich möchte hier nur auf das Buch *War Games* von Donald F. Featherstone hinweisen. Daß es von 1962 bis 1976 acht Auflagen erlebte, zeigt schon das große Interesse, das die Soldatenfiguren finden. Featherstone hält an einer Stelle fest: »Jahrhundertelang haben Könige und Generäle mit Modellsoldaten zu militärischen Zwecken Schlachten geschlagen, und aus Vergnügen taten dies Knaben und Männer von neun bis neunzig Jahren. Der Modellsoldat besitzt auf dem Kriegsspieltisch unbeschränkten Mut, und er kann, von einem Amateur-General mit einer Reihe realistischer Regeln geschickt geführt, bedeutende Siege erringen oder in der Niederlage Größe beweisen.«

Heutzutage ist jedoch die flache Zinnfigur in erster Linie ein Sammelobjekt. Die meisten Abbildungen dieses Bandes zeigen denn auch Sammlerfiguren. Darunter versteht man zum einen hervorragend bemalte Stücke, die jedes für sich ein kleines Kunstwerk bilden, zum anderen alte Güsse, die eine Rarität und nur noch schwer zu finden sind.

Daß man nicht nur bemalte, sondern auch blanke Zinnfiguren erwerben und selbst bemalen kann, erhöht den Reiz für den Sammler. Da hauptsächlich im Bereich des Altertums für eigene Ideen und kreatives Schaffen alle Türen offen stehen, gehört das Bemalen von Zinnfiguren zu den aufregendsten und zugleich beruhigendsten Hobbys.

Kein Zinnfigurenfreund muß massenweise Figuren sammeln. Er kann sich auf wenige Figuren beschränken, vorausgesetzt, diese sind ausgezeichnet bemalt. Der eine Sammler interessiert sich nur für eine bestimmte Epoche der Geschichte, der andere für Paradeaufstellungen oder Schlachten, der dritte für Figuren einer einzigen Offizin usw. Das gemeinsame Hobby läßt viele Möglichkeiten offen.

Einführung

Für die Aufstellung in einem Diorama können 100 oder 200 Figuren von hoher Qualität wirkungsvoller sein als eine Masse von 2000 Figuren. Napoleons Rückzug aus Rußland kann zum Beispiel eindrücklich mit 60 bis 100 Figuren, einigen Bäumen und weiteren Elementen dargestellt werden. Ein bescheidener Sammler vermag also mit wenigen gut bemalten Figuren oft ebensoviel zu erreichen wie ein Massensammler. Auch auf Abbildungen wirken kleine Aufstellungen besser als Massenszenen. Zahlreiche hier gezeigte Illustrationen können dies belegen.

So zeigt der vorliegende Band auf anschauliche Weise, welche Möglichkeiten sich heute einem Zinnfigurensammler bieten. Doch richtet er sich nicht nur an den Sammler, sondern will auch all jenen Freude und Abwechslung bringen, die, ohne unbedingt Zinnfiguren sammeln zu müssen, an der Geschichte und an Miniaturkunstwerken interessiert sind.

Die Bildlegenden bringen in Klammern folgende Angaben:

Fig.: Name desjenigen, der die Figur in Auftrag gab oder selbst herstellte. Wenn zwei Namen mit Schrägstrich vorkommen, bezieht sich der erste auf den Auftraggeber, der zweite auf jenen, bei dem die Figuren erhältlich sind.

B.: Name des Malers, sofern die Figur farbig abgebildet ist.

S.: Sammlung. Sie wird nur angegeben, wenn es sich nicht um Stücke aus meiner eigenen Sammlung handelt.

Bei den Jahreszahlen bedeutet das »ca.«, für welchen Zeitraum die Figuren gewöhnlich in einem Diorama aufgestellt werden können. Dabei ist es jedoch grundsätzlich möglich, sie auch für eine frühere oder spätere Zeit zu verwenden.

Auf vieles mußte verzichtet werden, um einen guten Querschnitt bringen zu können. So findet zum Beispiel Friedrich der Große mit seinen Truppen und Gegnern nur einen verhältnismäßig kleinen Platz. Er ist in den bisher erschienenen Büchern so stark vertreten, daß er hier hinter andere Personen und Ereignisse zurücktreten kann.

Mein Dank gehört meinem Freund Peter M. Mäder, Restaurator am Schweizerischen Landesmuseum in Zürich. Er betreibt wie ich als Hobby das Sammeln und Bemalen von Zinnfiguren. Ihm verdanke ich einen Teil der Fotos dieses Buches und das Kapitel über die Geschichte der Spielzeugfiguren mit dem dazugehörigen Katalog.

Zollikon/Zürich, im Januar 1979

Curt F. Kollbrunner

1 Frankreich: Ludwig XV. (1710–1774). Jagd und Jagdfrühstück (ca. 1740). Als Vorlagen dienten die Tapisserien in den Schlössern Compiègne und Rambouillet sowie ein Gemälde von Carle van Loo im Louvre.
(Fig.: Keller/Neckel. B.: Rosmarie Kreutzinger. S.: Rosmarie Kreutzinger)

2 Tausend und eine Nacht: Tänzerin und Musik (ca. 900).
(Fig.: Hafer. B.: Winkelmüller)

3 Kniefall der Bürger von Gent vor Herzog Philipp von Burgund nach der Schlacht bei Gavre (Juli 1453).
(Fig.: Albrecht. B.: Neckel und Demmler)

4 Preußisches Gardehusaren-Regiment von 1845: Trompeter, Standartenträger, Offizier und Husar. Spielzeugfiguren, Höhe: 9 cm.
(Fig.: G. Söhlke, Berlin. Eventuell Wollrath Denecke, Braunschweig. Hergestellt um 1850. Originalbemalung um 1850. S.: Schweiz. Landesmuseum, Zürich)

5 Mexiko: Azteken bei der Opferung (1521).
(Fig.: Gottstein, B.: Neckel)

6 Dreißigjähriger Krieg (1618–1648): Fahnenträger.
(Fig.: Müller und andere. B.: Neckel)

1

2

3

4

5

6

7

8

9

Flache Zinnfiguren als Spielzeug von ca. 1700 bis nach dem Ersten Weltkrieg

von Peter M. Mäder

7 Feldmarschall Blücher, Fürst von Wahlstatt (1742–1819). Höhe der Figur: 10 cm. Der »Marschall Vorwärts« war Heerführer der Schlesischen Armee in den Befreiungskriegen (1813–1815) und einer der volkstümlichsten Helden der Deutschen.
(Fig.: J. A. A. Holst, Hamburg. Hergestellt um 1820/30. S.: Mäder)

8 Kämpfende Ritter mit beweglichen Armen und Visieren. Spielzeugfiguren, Höhe 9 cm.
(Fig. A. Besold, Nürnberg. Hergestellt um 1840/50. S.: Schweiz. Landesmuseum, Zürich)

9 Weihnachtskrippe: Anbetung der heiligen drei Könige. Vitrinenfiguren.
(Fig.: Zinngießerei Schweizer in Dießen am Ammersee)

Zinnfiguren oder Zinnsoldaten werden oft mit Bleisoldaten verwechselt. Unabhängig von der Metall-Legierung handelt es sich nach allgemeinem Sprachgebrauch bei Bleisoldaten um runde, vollplastische Figuren, während als Zinnsoldaten flache, profilartige Exemplare angesprochen werden.

Die Autoren der in den letzten Jahren erschienenen Werke über die Zinnfigur befaßten sich vor allem mit der kulturhistorischen Figur. Sie wird seit etwa 50 Jahren von einigen Firmen und Privatoffizinen nach zeitgenössischen bildlichen Vorlagen für die Sammler gezeichnet, graviert und gegossen.

Der Sammler kauft diese blanken Figuren, bemalt sie meist selber und stellt mit ihnen historische Ereignisse in Dioramen dar. Mit der alten historischen Spielzeugfigur haben sie jedoch wenig gemeinsam; sie werden nur auf die gleiche oder ähnliche Art hergestellt und sind zu einem ernsthaften Hobby für Erwachsene geworden. Sogar Museen benutzen Zinnfiguren oft als lehrreiches Anschauungsmittel für die Darstellung historischer Ereignisse.

In keinem der neueren Zinnfigurenbücher fehlt ein ausführliches Kapitel über die alte Zinn- oder Bleifigur als Spielzeug. Ihre Herkunft hat man teilweise unnötig kompliziert dargestellt. Fest steht, daß bereits in der Antike flache und runde Figuren in Blei und Zinnlegierungen gegossen wurden. Beispiele sind uns bekannt aus den Ausgrabungen vom Esquilin und aus dem Tiber bei Rom aus dem ersten und dritten Jahrhundert n. Chr.

Das Kunstgewerbemuseum der Stadt Köln besitzt in seiner Sammlung einen 10 Zentimeter hohen flachen Hahn aus stark bleihaltigem Zinn, der auf einem rechteckigen Sockelplättchen steht (Abb. 10). Ein anderes Stück ist ein zurechtgebogener römischer Stuhl in Reliefguß, bei dem sogar die Füße angelötet wurden (Abb. 11). Eine weitere Anzahl ähnlicher Funde stammen von Ausgrabungen aus dem Rhein und von Frög in Kärnten.

Ob es sich bei diesen Figuren um Grabbeigaben, Weihegeschenke, also um Kultgegenstände, handelt, oder ob sie als Kinderspielzeug gebraucht wurden, läßt sich heute nicht mehr feststellen. Sicher aber gehören sie von ihrer Herstellungsweise her zu den Ahnen der Spielzeug-Zinnfiguren.

Die Reihe der Herstellungsverwandtschaften läßt sich mit den Abzeichen der Pilger, die zu den heiligen Orten wanderten, fortsetzen. Als Andenken nahmen sie gern kleine runde, rechteckige oder ovale Reliefdarstellungen der christlichen Welt mit, die an den Wallfahrtsorten feilgeboten wurden. Sie hatten Ösen oder Nadeln zum Anstecken oder wurden an Schnüren wie Amulette getragen. Die

Flache Zinnfiguren als Spielzeug

Tradition ist sehr alt; sie reicht vom frühen Christentum bis in die heutige Zeit. Die ältesten Pilgerabzeichen stammen aus Rom und stellen Petrus und Paulus in Zinn-Reliefguß dar.

René d'Allemagne, der sich schon 1903 mit der Geschichte der Zinnfigur beschäftigte, meint, daß der Anstoß zu einer serienmäßigen Herstellung von Pilgerabzeichen in Frankreich, Deutschland und der Schweiz im 13. Jahrhundert ausgelöst wurde. Die genrehafte Wiedergabe der Darstellungen von religiösen Motiven, zum Beispiel die Flucht nach Ägypten, der Kampf des hl. Georg mit dem Drachen oder die Gnadenbilder der Wallfahrtsorte, erinnern uns an Spielsachen für Kinder (Abb. 12 und 13).

Es braucht nicht viel Phantasie, um unter diese Anhänger ein Fußplättchen zu löten oder zu gießen, und die standhafte Zinnfigur wäre geboren (Abb. 14).

Die berühmteste Figur aus diesem Themenkreis ist wohl »Der kleine Ritter« (St. Georg) aus dem Musée de Cluny in Paris. Er steht bereits wie die späteren Zinnsoldaten auf einem Fußplättchen (Abb. 15). Ob diese Flachfigur aus Blei wirklich aus dem beginnenden 14. Jahrhundert stammt, muß mit Vorsicht aufgenommen werden.

Zum Vergleich dienen zwei weitere Figuren aus dem 15. Jahrhundert; beide zeigen den hl. Georg im Kampf mit dem Drachen. Leider sind sie nur fragmentarisch erhalten, doch weisen sie auf der Rückseite Anstecknadeln wie andere Pilgerabzeichen auf (Abb. 16 und 17). Daß solche Pilgerabzeichen letztlich den Anstoß zur Herstellung der flachen Spielzeug-Zinnfigur gaben, ist nicht von der Hand zu weisen.

Die erste urkundliche Nachricht über Zinnfiguren als Spielzeug entstammt einer Verordnung der Kandelgießer von Nürnberg vom 7. März 1578. Darin wird aufgezählt, was ihre Konkurrenten — die Geschmeidegießer — gießen durften: »die zinen Salzfaß, Öchslein und anderes zinen Kinderwerk, da ein Stück 10 oder 12 Pfennige nit wert ist«. Wie dieses »zinen Kinderwerk« ausgesehen hat, wissen wir nicht; aber die Verordnung beweist, daß zinnernes Spielzeug gegossen worden ist.

Zinnfiguren als Kinderspielzeug treten in größeren Mengen zum ersten Mal in der Mitte des 18. Jahrhunderts in Nürnberg und im nahegelegenen Fürth sowie in Hannover auf. Welcher Zinngießer erstmals die flachen Zinnfigürchen herstellte, die mit angegossenen Fußplättchen aufgestellt werden konnten, bleibt bis heute eine offene Frage.

Flache Zinnfiguren als Spielzeug

Spielender Ziegenhirt mit Ruine, um 1800.
Herkunft unbekannt (Hilpert?).

Die beiden Gruppen »Preußische Gardereiter« (Abb. 19) und »Offiziere zu Pferd« (Abb. 20), bekannt unter der Bezeichnung »frühe Nürnberger- oder Fürtherware«, mögen aus der Frühzeit der Zinnfigurenherstellung stammen. Die nach der Mitte des 18. Jahrhunderts entstandenen Figuren sind noch verhältnismäßig spärlich bemalt. Gesicht, Hände und auch die Pferdeleiber sind in der Regel »blank«, das heißt unbemalt geblieben. Als Vorlagen für Gravur und Bemalung dürften Bilderbögen mit dem berühmten friderizianischen Militär Verwendung gefunden haben.

Wer nun aber glaubt, daß in jener Zeit nur Zinnsoldaten hergestellt wurden, irrt gewaltig. Ein Verzeichnis aus dem Jahre 1805, herausgegeben durch Johann Ludwig Stahls, Hilperts Erben, Kunstwarenverlag in Nürnberg, über die fein oder ordinär bemalten Zinnfiguren der Zinngießerei Hilpert belehrt uns eines Besseren. Gegen 39 Sorten Militär stehen über 80 Sorten Figuren aus dem Zivilleben. Da gibt es, um nur ein paar Themen aus der langen Liste zu nennen:

39 Sorten Militär: Kaiserliches, Preußisches, Französisches, Russisches, Türkisches und von anderen Potentaten;

22 Sorten Ländliche Vorstellungen, Lustgarten, Viehweiden, Schäferei und anderes mehr;

22 Sorten Vier Jahreszeiten, Vier Elemente, die Lustbarkeit auf dem Eis, ein großes Ritterturnier usw.;

20 Sorten verschiedene Tiere, Affen nach Schrebers Natursystem usw.

Die Familie Hilpert aus Nürnberg gehört zu den ältesten uns bekannten Zinngießern, die neben der Fabrikation üblicher Zinngießerware auch Zinnfiguren gossen. Johann Gottfried wird als Sohn des Coburger Zinn- und Kannengießers Andreas Hilpert 1732 geboren. 1760 wird er Meister und Bürger von Nürnberg. Ihm zur Seite stehen sein Bruder Johann Georg und sein Sohn Johann Wolfgang, die beide bis zu ihrem Tod in der Hilpertschen Werkstatt tätig sind.

Ihre Motive für die Figurenserien holten die Hilperts aus lehrreichen Tafelwerken, aber auch Augsburger Bilderbogen und das Bilderbuch von Bertuch fanden Verwendung. Mit künstlerischem Feingefühl wurden diese Vorlagen in Zinnfiguren umgesetzt. Man gravierte heimische und fremde Tiere und faßte sie in zoologische Gruppen zusammen. Unter der Fußplatte wurde häufig die lateinische Bezeichnung eingraviert.

Flache Zinnfiguren als Spielzeug

Diese Serien belegen, daß die frühen Zinnfiguren nicht nur als Spielzeug für Kinder, sondern auch als Anschauungsmaterial für den naturkundlichen Unterricht hergestellt wurden (Abb. 21 und 23). Auch das damalige gesellschaftliche Leben fehlte nicht: Rokokogärten mit Hecken und Blumen, dazu arbeitende Gärtner, promenierende Damen und Herren, der beliebte Eislauf, Schachfiguren für Erwachsene (Abb. 25) und vieles andere mehr.

Was den Hilpertschen Miniaturen zu hoher Überlegenheit über die Produkte der meisten seiner Konkurrenten verhalf, waren reiche Gravur, hohe Handwerkskunst und künstlerische Gestaltung. Sie sind ausgezeichnete kulturhistorische Quellen und brauchen den Vergleich mit den damals ebenso beliebten Porzellanfiguren nicht zu fürchten, die möglicherweise sogar ebenfalls als Vorlagen dienten.

Die Familie Hilpert war nicht die einzige, die diesen Spielzeugartikel vertrieb. Schon zur gleichen Zeit und gegen das Ende des 18. Jahrhunderts hören wir von anderen Zinngießereien in Nürnberg und Fürth, die Zinnfiguren herstellen. Doch kennen wir deren Namen nicht. Erst mit Christian Schweigger, der 1792 in Nürnberg Meister wurde, und Johann Wolfgang Ammon, der 1794 eine bedeutende Zinnoffizin in der gleichen Stadt gründete, werden uns weitere Hersteller namentlich bekannt.

Erwähnt sei hier auch der von Walter Achilles kürzlich entdeckte älteste niedersächsische Zinngießer Johann Arnold Nessenius aus Hannover, der die Fertigung von Zinnsoldaten und Zinnfiguren seit dem Siebenjährigen Krieg (1756-1763) betrieb. Dem Autor gelingt es, anhand dieser Zinnfigurenproduktion in Hannover eine weitere Entstehungsstätte im 18. Jahrhundert nachzuweisen.

Bei den meisten dieser Zinngießer blieb jedoch die Herstellung von Zinngeschirr die Hauptsache; das Gravieren und Ausgießen von Zinnfiguren betrieben sie nur nebenher. Dabei hatten sie kaum Konkurrenz aus den Nachbarländern — sieht man einmal von Straßburg ab — zu fürchten, in denen erst zu Beginn des 19. Jahrhunderts die Produktion von Zinnfiguren einsetzte.

Während das grundlegende Buch über die Zinnfigur als Spielzeug, Theodor Hampes *Der Zinnsoldat — ein deutsches Spielzeug* (1924), leider schon seit Jahrzehnten vergriffen ist, begnügen sich die meisten seither erschienenen Werke mit einem allgemeinen Überblick.

Im folgenden soll nun ein besonders aufschlußreicher Einzelaspekt vom Ende des 18. und aus dem beginnenden 19. Jahrhundert herausgegriffen werden, der

Flache Zinnfiguren als Spielzeug

Chasseur à cheval, um 1810.
(Fig.: J. W. Gottschalk, Aarau)

stellvertretend für viele andere ein anschauliches Beispiel für die Produktionsweisen der einzelnen Offizinen und die zahlreichen Querverbindungen zwischen den Zinngießern gibt.

Schon im ausgehenden 18. Jahrhundert finden wir Berührungspunkte Nürnbergs mit der Schweiz. Die Aarauer Zinnfigurenindustrie nimmt hier ihren Anfang. Das Verdienst, diese Beziehungen aufgedeckt zu haben, gebührt dem ehemaligen Direktor des Aarauer Kunstgewerbemuseums, L. Meyer-Zschokke.

Im letzten Drittel des 18. Jahrhunderts wurde ein deutscher Wanderbursche bei Meister Martin Beck, Zinngießer in Aarau, eingestellt. Es war Johann Wilhelm Gottschalk aus Tilsit in Ostpreußen. 1810 nahm er des Meisters Tochter zur Frau und wurde selbständig. Er ist der Begründer der Aarauer Zinnfiguren.

Unzweifelhaft hat Gottschalk in Nürnberg seinen Beruf erlernt oder doch in dieser Stadt lange gearbeitet. Von hier brachte er die Kenntnisse für die Zinnfigurenfabrikation mit. Seine ersten Schöpfungen in der Uniform der Reiterregimenter Friedrichs II. stimmen mit den gleichen Nürnberger Erzeugnissen derart überein, daß die Vermutung naheliegt, Gottschalk habe bei Hilpert gelernt.

Trotz intensiver Nachforschungen in Aarau und Nürnberg ist es bis heute nicht gelungen, eine urkundliche Bestätigung dafür zu finden. Der Hersteller der Aarauer Zinnfiguren hat sich in der Anfangszeit mit vielen Serien an die Nürnberger Vorbilder gehalten. Das gilt vor allem bei der Darstellung des zivilen Lebens. Aber es sind auch viele herrliche Neuschöpfungen entstanden.

Zu nennen sind hier etwa das ganze helvetische Militär und auch die Darstellungen der fremden Truppen, die die Schweiz in der Zeit von 1797–1803 heimsuchten, sodann die berühmten Trachtenfiguren nach den Vorlagen des Berner Kupferstechers Franz Niklaus König und des Luzerner Malers Josef Reinhard (Abb. 22a und 22b). Hinzu kommen die großen Serien des Winzerfestumzuges »Fêtes des Vignerons« von Vevey (1833) mit dem Musikkorps der »Cent Suisses«, den preisgekrönten Winzern, der Sänfte der Hirtengöttin Pales (vgl. Zeichnung S. 22) sowie der Aufzug der Äußeren Stände in Bern in ihren historischen Kostümen.

Verpackt wurden die Gottschalkschen wie alle anderen Zinnfiguren in Span- oder Kartonschachteln von einem Pfund bis zu einem Achtelpfund (Abb. 27). Die aufgeklebten Etiketten enthielten die Inhaltsangaben und häufig die Initialen oder Namen und Adressen der Hersteller.

Flache Zinnfiguren als Spielzeug

Einzelne der Gottschalkschen Figuren weisen auf den Fußplättchen die Signatur »F. E.« oder manchmal auch den ganzen Namenszug »F. Eggimann« auf. Einen selbständigen Zinngießer dieses Namens gab es jedoch in Aarau nicht. Es dürfte sich daher um den Zeichner und Graveur eines Teiles der Schiefergußformen handeln, die im Auftrag von Johann W. Gottschalk hergestellt wurden (Abb. 26a und 26b).

Das Schweizerische Landesmuseum konnte in den Jahren 1898 und 1920 einen großen Teil der Schiefergußmodelle erwerben, die aus dem Nachlaß der Aarauer Werkstätten stammen. Diese Sammlung von Gußsteinen mit über 2000 gravierten Typen gehört wohl zu den größten noch erhaltenen der Welt (Abb. 24 und 28).

Bei Gottschalk trat 1814 Johann Rudolf Wehrli von Küttigen (Kanton Aargau) in die Lehre. Nach achtjähriger Wanderschaft eröffnete er ein Konkurrenzgeschäft zu seinem Meister in Aarau. Er ist der zweite Schöpfer von Aarauer »Zinnkompositionsfiguren«, wie er sie selbst auf einer Spanschachtelverpackung nannte (Abb. 29).

Wie Gottschalk sich anfangs an die Nürnberger Vorbilder hielt, kopierte auch Wehrli die Figuren der Nürnberger und Fürther Firmen Heinrichsen und Allgeyer. Der Stil seiner Figuren ist recht verschieden. Neben sehr schön entworfenen und trefflich gravierten Typen finden sich auch andere Stilarten von weniger geschickten Zeichnern und Graveuren.

Bekannt sind zwei Graveure, die für Wehrli arbeiteten: Gottlieb Käser und ein J. Stirnimann. Doch auch Rudolf Wehrli hat, wie seine Signatur auf einzelnen Figuren zeigt, selbst graviert. Die reizenden Biedermeierdarstellungen, Promenade und Gartengesellschaft, ferner Marktszenen, die Pferde- und Viehweiden, die Prozession und eine Zirkusdarstellung sind fast durchwegs exakte Nachformungen der entsprechenden Heinrichsen- und Allgeyer-Modelle (Abb. 18, 30 und 31).

An sich ist diese Tatsache nicht verwunderlich, denn nicht nur in Aarau, sondern auch bei anderen Zinnfigurenherstellern wurden immer wieder gut zu verkaufende Serien nachgeahmt. War nun Wehrli nur ein Kopist? Keineswegs — seine Spezialität war das Schweizer Militär von 1830–1870. Sein Artilleriepark sucht seinesgleichen. Neben der Mannschaft finden wir bespannte Geschütze mit Protzen und Munitionswagen, die alle fahrbar und plastisch ausgeführt sind. Aber auch die anderen Truppengattungen wie Infanterie, Musik und die

Götterfiguren für eine Parkserie mit der Signatur G.B. = Gottschalk/Beck.

Russisches Militär aus der Zeit des Krimkrieges.
(Fig.: J. R. Wehrli, Aarau)

Kavallerie sind dermaßen fein und exakt gearbeitet, daß man sogar die Gradabzeichen unterscheiden kann (Abb. 32).

Die plastische Zinneisenbahn von 1847 gehört zum Originellsten, das in der Wehrlischen Werkstatt geschaffen wurde (Abb. 34). Sie entstand kurze Zeit nach der Einweihung der »Spanischbrötlibahn« von Zürich nach Baden, deren Name darauf zurückzuführen ist, daß sie neben den Passagieren auch eine Spezialität der Badener Bäcker nach Zürich brachte. Ein Katalog aus jener Zeit, der im Schloßmuseum Aarau aufbewahrt wird, orientiert über das große Angebot an Figurenserien der Firma Wehrli (Abb. 36).

Die Bemalung der Figuren bildete eine eigentliche Heimindustrie, die sich um ganz Aarau und in die benachbarten Täler erstreckte. Hauptsächlich Frauen und Kinder bemalten in Heimarbeit um billiges Geld die Figuren. Je nach Größe erhielten sie dafür ein bis zwei Rappen pro Stück, was als Tagesverdienst maximal einen Franken ergab. Auf ähnliche Weise waren etwa auch die Firmen Allgeyer und Heinrichsen und andere Zinnfigurenhersteller organisiert.

Farben und Werkzeug stellte der Zinngießer zur Verfügung. Die Pulverfarben wurden fein zerrieben und mit Terpentin und Leinöl vermischt. Etwas Damarlackzusatz ergab die nötige Härte und den guten Glanz für die Malfarben. Aber auch die lasierenden, herrlich glänzenden Spirituslackfarben fanden Verwendung.

Die Zinnfigurenfabrikation ist in Aarau immer nur Nebenbeschäftigung gewesen. Der bereits erwähnte Katalog der Zinngießerei Wehrli enthält neben dem Figurenverzeichnis auch eine Aufzählung der chirurgischen Instrumente, die im gleichen Betrieb hergestellt wurden. Sie waren wegen ihrer Qualität in Medizinerkreisen geschätzt.

Leider machte der Niedergang des Zinngießerhandwerks — verursacht durch neueres und geeigneteres Material, das die Zinnprodukte verdrängte — auch vor den Toren der Wehrlischen Werkstatt nicht halt. Die scharfe Konkurrenz der spezialisierten deutschen Spielzeugfirmen ließ auch auf diesem Gebiet keine großen Verdienstmöglichkeiten mehr zu. Mit dem Sohn Friedrich Wehrli, der in die Fußstapfen seines Vaters trat, aber wenig Neues geschaffen hat, kommt die Aarauer Zinnfigurenindustrie zum Erliegen.

Die Entwicklung der Zinnfigur im 19. Jahrhundert und die Beschreibung aller Zinnoffizinen und ihrer Produkte würde Folianten füllen. Einen Überblick gibt hingegen der Katalog der Hersteller und Graveure und die geographische Karte mit den wichtigsten Produktionsorten und -zentren im Anhang dieses Buches.

Flache Zinnfiguren als Spielzeug

Zudem können uns einige Ausschnitte aus dem umfangreichen Angebot verschiedener Zinnfigurenhersteller, wie es in den Sortenlisten ihrer Kataloge erscheint (Abb. 37-41), einen Begriff über das Ausmaß geben, das dieser Spielwarenzweig von der Mitte des 19. Jahrhunderts an bis zum Ersten Weltkrieg gewann.

Für den Aufschwung der Zinnfigurenproduktion war es von Bedeutung, daß sich die größeren Spezialfirmen, zum Beispiel Heinrichsen und Allgeyer in Nürnberg und Fürth, für ihre Zinnsoldaten auf dieselbe Höhe einigten. Die sogenannte Nürnberger Größe betrug ca. 33 Millimeter für die Figur eines erwachsenen Mannes.

Auf gleiche Weise schufen die Firmen Rieche und Wegmann für den Raum Hannover und Braunschweig die sogenannte Hannoveraner Größe, in der die Figur eines erwachsenen Mannes eine Höhe von etwa 35 Millimetern aufwies. Diesem Grundmaß wurden alle anderen Gegenstände angepaßt.

Somit bestand für Kinder und Sammler die Möglichkeit, ihre Sortimente und Gruppen auszubauen und auch Produkte verschiedener Offizinen zusammenzustellen. Mit der Festsetzung einer bestimmten Größe wurde die Massenherstellung von Zinnfiguren eingeleitet.

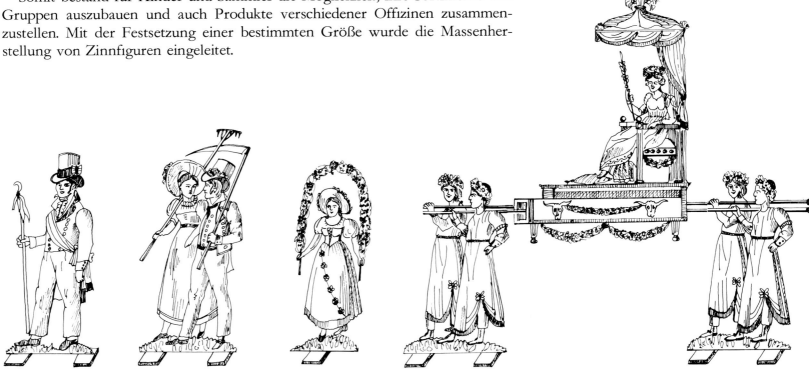

Einzelfiguren aus der großen Serie des Winzerfestumzuges in Vevey, 1833. In der Mitte die Sänfte der Hirtengöttin Pales. (Fig.: J. W. Gottschalk, Aarau)

10 Hahn aus stark bleihaltigem Zinn auf rechteckiger Sockelplatte, wohl Kinderspielzeug (Grabbeigabe). Höhe: 9,5 cm. Rom, 1.–3. Jahrhundert. (Kunstgewerbemuseum der Stadt Köln)

11 Römischer Stuhl. Flacher Reliefguß aus stark bleihaltigem Zinn. Die Beine sind angelötet. Grabbeigabe. Höhe: 8 cm. Rom, 1.–3. Jahrhundert. (Kunstgewerbemuseum der Stadt Köln)

12 Pilgerzeichen aus Zinn von Maria Einsiedeln, Kanton Schwyz. In einem kapellenartigen Rahmen mit vier Ösen zum Annähen befindet sich eine offene Kapelle, darin die sitzende Madonna mit Kind, daneben ein Bischof (hl. Konrad?), begleitet von zwei Engeln (wohl Darstellung der Engelweihe). Auf dem Rand Inschrift in gotischen Minuskeln: »Diss ist unser Frowen zaichn in dem vinstern wald«. 15. Jahrhundert. (Museum Zofingen, Kanton Aargau)

13 Pilgerzeichen aus Zinn von Oberbüren, Kanton Bern. In einem spätgotischen Rahmen befindet sich eine Madonna mit Kind, darunter steht in gotischen Minuskeln: »ober – (Berner Wappenschild) – bürre«. Die Wallfahrt Oberbüren wurde hauptsächlich für ungetauft gestorbene Kinder unternommen. Ende 15. Jahrhundert. (Museum Zofingen, Kanton Aargau)

14 Pilgerzeichen, Figur des hl. Quirinus in Flachrelief. Der heilige Ritter hält in der rechten Hand ein Schwert, in der Linken eine Fahne. Höhe: 7 cm. Neuß, erste Hälfte 15. Jahrhundert. (Kunstgewerbemuseum der Stadt Köln)

15 Ritterfigur (hl. Georg). Flacher Bleiguß. Höhe: 6 cm. Erste Hälfte 14. Jahrhundert. (Musée de Cluny, Paris)

16 Pilgerzeichen mit Anstecknadel. Einseitiges Flachrelief ohne Fuß. Der heilige Georg im Kampf mit dem Drachen. Die Köpfe des Ritters und des Drachens sind abgebrochen. Frankreich, erste Hälfte 15. Jahrhundert. (Kunstgewerbemuseum der Stadt Köln)

17 Pilgerzeichen mit Anstecknadel. Einseitiges Flachrelief ohne Fuß. Hl. Georg und hl. Margaretha. Frankreich, zweite Hälfte 15. Jahrhundert. (Kunstgewerbemuseum der Stadt Köln)

18 »Jardin publique« und »Promenade publique«. Volksgarten und Promenade aus der Biedermeierzeit (ca. 1840–1850).
Allgeyer-Figuren sind unter Sammlern alter Spielzeugfiguren heute sehr begehrt und wegen ihrer Schönheit und Zartheit hochgeschätzt.
(Fig.: J. F. Allgeyer, Fürth, um 1840. B.: Originalbemalung aus der Zeit. S.: Mäder)

19 Preußische Gardereiter (Kürassiere): Tambour, Standartenträger, Offizier und Kürassier (1740–1760).
Bei diesen friderizianischen Figuren kommt die Farbe noch verhältnismäßig sparsam zur Anwendung. Gesicht und Hände, aber auch die Pferde und Fußplättchen sind in der Regel »blank«, also unbemalt geblieben.
(Fig.: Sog. Nürnberger- oder Fürtherware aus der Mitte des 18. Jahrhunderts. B.: Originalbemalung aus der Zeit. S.: Mäder)

20 Hohe Offiziere Friedrichs des Großen zu Pferd.
(Fig.: Sog. Nürnberger- oder Fürtherware aus der Zeit um 1770. B.: Originalbemalung aus der Zeit. S.: Schweiz. Landesmuseum, Zürich)

21 Drei Tiere aus der prachtvollen Gruppe der Elche. Rentiere, Elche, Hirsche u.a. mit Andeutungen von Vegetation auf den Fußplättchen.

(Fig.: Johann Hilpert, Nürnberg, um 1780. S.: Germanisches Nationalmuseum, Nürnberg)

22a Trachtenpaar aus dem Kanton Schwyz. Kolorierter Stich von Franz Nikolaus König.

22b Trachtenpaar aus dem Kanton Schwyz. Nach dem Trachtenwerk von F. K. König schuf Gottschalk um 1800 eine berühmte Gruppe von Schweizer Trachten. Beim abgebildeten Paar handelt es sich um einen Neuguß aus alter Form. (B.: Mäder)

23 Tier aus der Affenserie mit 19 Figuren. Die Tiere sind auf ihren profilierten Sockeln mit den lateinischen Namen versehen. Sie dienten als naturwissenschaftliches Anschauungsmaterial. Vorlage war das »Bilderbuch für Kinder« von F. J. Bertuch, das 1790 mit herrlichen Kupferstichen erschien.
(Fig.: Zinnoffizin J. A. Hilpert, Nürnberg, Ende 18. Jahrhundert. S.: Germanisches Nationalmuseum, Nürnberg)

24 Ritterfigur. Sogenannte Vitrinenfigur. Höhe: 16 cm
Fast alle alten Offizinen stellten solche Schmuckfiguren für Ritterturniere her. Häufig waren Arme und Visier beweglich.
(Fig.: J. R. Wehrli, Aarau, um 1830. B.: Originalbemalung aus der Zeit. S.: Mäder)

25 Schachfiguren aus der Hilpertschen Werkstatt.
(Fig.: J. A. Hilpert, Nürnberg, Ende 18. Jahrhundert. S.: Germanisches Nationalmuseum, Nürnberg)

26a Schiefergußform mit dem Abguß eines Offiziers des Corps der »Cent Suisses« aus der Serie des Winzerfestumzugs von 1833.
(Fig.: Gottschalk, Aarau. S.: Schweiz. Landesmuseum, Zürich)

26b Signatur »F. E.« für den Graveur F. Eggimann auf dem Fußplättchen der Figur von Abb. 26a.

10

11

12

13

14

15

16

17

18

19

20

21

22a

22b

23

24

26 b

26 a

27

28

29

30

31

32

33

34

35

Spielwaarenfabrikation & Zinngiesserei von J. R. WEHRLI AARAU.

Ziel 4 Monate oder — gegen Baar 5 % Sconto.

Reklamationen müssen innerhalb 14 Tagen nach Empfang der Waaren gemacht werden.

Artikel	Frs.	Cts.
Grosse Soldaten, 2 Schachteln 1 ℔ **fein**, zu Pferd 24 Stück, zu Fuss 40 Stück in verschiedenen Nationen	3	—
Die Gleichen **ordinär** gemalt	2	60
Mittlere Soldaten, 4 Schachteln 1 ℔ **fein**, zu Pferd 48, zu Fuss 80 Stück, in verschiedenen Nationen	3	10
Die Gleichen **ordinär** gemalt	2	65
Kleine Soldaten, 8 Schachteln 1 ℔ **fein** zu Pferd 96, zu Fuss 200 Stück, in verschiedenen Nationen	4	10
Die Gleichen **ordinär** gemalt	3	30
Soldaten massiv, 4 Schachteln 1 ℔ **fein**, zu Pferd 12, zu Fuss 25 Stück, in verschiedenen Nationen	5	85
Weiden, Schaafe und Ziegen, Kühe, Pferde, Gänse, Hühner und Dorf, 16 bis 20 Stück in einer Schachtel; 4 Schachteln 1 ℔ **fein**	3	10
Die Gleichen **ordinär** gemalt	2	65
Soldaten, mittelgross, in Bataillone zu 100 Stück eingetheilt, **fein**, in verschiedenen Nationen, 1 Schachtel	4	—
Dergleichen **ordinär** gemalt	3	25
Gleiche 50 Stück 1 Schachtel, **fein**	2	—
„ 50 „ 1 „ **ordinär** gemalt	1	65
Soldaten, kleine, in Bataillone, die Schachtel 100 Stück, **fein**	3	20
Die Gleichen **ordinär** gemalt	2	50
Gleiche 50 Stück, **fein** gemalt	1	85
„ 50 „ **ordinär** gemalt	1	25
Lager, Schweizer- und andere: die Schachtel 150 Stück	4	10
„ „ 120 „	3	90
„ „ 100 „	3	70
„ „ 75 „	2	95
„ „ 50 „	1	95
Schlachten, verschiedene: die Schachtel 150 Stück	4	10
„ „ 120 „	3	90
„ „ 100 „	3	70
„ „ 75 „	2	95
„ „ 50 „	1	95

Artillerie in Colonne.

Artikel	Frs.	Cts.
Grosser Artillerie-Park № 1. ganz, 4 Kanonen u. 4 Caisson mit Mannschaft	9	50
Dergleichen 2 Kanonen u. 2 Caisson, halber	5	—
„ 1 Kanone u. 1 Caisson, viertels	2	70
Mittlerer Artillerie-Park № 2: 4 Kanonen u. 4 Caisson mit Mannschaft ganz	7	50
2 „ „ 2 „ „ „ halber	3	80
1 „ „ 1 „ „ „ viert.	2	—
Kleiner Artillerie-Park № 3: 4 Kanonen u. 4 Caisson mit Mannschaft ganzer	6	—
2 „ „ 2 „ „ „ halber	3	20
1 „ „ 1 „ „ „ viert.	1	70

In Position.

Artikel	Frs.	Cts.
Grosse Artillerie in Stellung, 4 Kanonen mit Vorwagen u. Mannschaft	5	80
Die Gleichen ohne Vorwagen	4	50
„ „ mit 1 Kanone u. Mannschaft	1	—
Kleine Artillerie in Stellung, 4 Kanonen mit Vorwagen	4	—
Die Gleichen ohne Vorwagen	3	10
„ „ mit 1 Kanone u. Mannschaft	—	60

Spielwaaren meistens für Mädchen.

Artikel	Frs.	Cts.
1 Schachtel **Garten** mit **Promenaden**, 150 Stück	7	80
1 „ „ „ 100 „	6	50
1 „ „ „ 50 „	2	80
1 „ „ „ 64 Stück	3	65
1 „ „ „ 50 „	3	—
1 „ „ „ 40 „	2	30
1 „ „ „ 30 „	1	80
1 „ „ „ 20 „	1	—
1 „ englische **Garten**, 40 Stück	4	—
1 „ „ „ 30 „	3	—
1 „ **Gartengesellschaft** 36 „	2	80
1 „ „ 18 „	1	40
1 „ **grosses Dorf**, 44 „	3	80
1 „ „ „ 30 „	2	80
1 „ **kleines Dorf**, **fein**, 31 „	2	10
1 „ „ „ „ 16 „	1	10
1 „ **Jagd**, 60 Stück	3	50
1 „ „ 40 „	2	50
1 „ „ 30 „	1	95
1 „ „ 20 „	1	—
1 „ **Markt** 70 „	3	20
1 „ „ 50 „	2	60
1 „ „ 40 „	2	—
1 „ „ 30 „	1	40
1 „ „ 20 „	1	—

			Frs.	Cts.
1 Schachtel **wilde Thiere**,	31 Stück		3	—
1 " **Hühnerhof**,	40 "		1	60
1 " "	20 "		—	90
1 " **Kunstreiter**,	50 "		2	60
1 " "	30 "		1	55
1 " "	20 "		1	—
1 " **Turnplatz**,	54 "		3	—
1 " **Eisenbahn**,	6 "		4	50

Nicht gemalte Zinnspielwaaren.

			Frs.	Cts.
Grosse Suppenschüsseli,	6 "		3	60
Kleine "	6 "		2	40
Grosse Theekannen	6 "		4	20
Kleine "	6 "		3	—
Kaffeekännli,	6 "		3	—
Milchkännli,	6 "		2	40
Grosse Züberli mit Gäzi,	6 "		3	60
Kleine " "	6 "		2	40
Grosse Kochhäfeli,	6 "		1	80
Kleine "	6 "		1	50
Grosse Pfannen	6 "		1	20
Kleine "	6 "		1	—
Servirlöffeli,	6 "		—	60
Salatzeindli,	6 "		2	40
Kerzenstöckli,	6 "		1	80
Zuckerdosen	6 "		1	20
Grosse Servirplatten,	6 "		1	80
Kleine "	6 "		1	50
Grosse tiefe Perlenplatten,	12 "		1	80
Kleine " "	12 "		1	20
Grosse flache "	12 "		1	60
Kleine " Suppentellerli	12 "		1	—
Grosse " Suppentellerli,	12 "		—	80
Kleine " "	12 "		—	50
Grosse flache Tellerli	12 "		—	80
Mittlere " "	12 "		—	70
Kleine " "	12 "		—	50
Grosse Tassen, Unter=u.Ob.=	12 "		2	40
Kleine " " "	12 "		1	20
Mörseli mit Stössel	12 "		2	80
Mammeli mit Zinnschräubli	12 "		2	40

Kerzenhalter für Weihnachtsbäume

			Frs.	Cts.
Grosse " " "	12 "		1	—
Kleine " " "	12 "		—	70
Für ganz grosse Kerzen	12 "		3	60

Kriegsfuhrwerke.

			Frs.	Cts.
Kanonen mit Federn, **für Erbsen** zu schiessen, 6 Stück			3	60
Grosse Kanonen mit Vorwagen,	1 Stück		1	—
Mittlere " " "	1 "		—	80
Kleine " " "	1 "		—	50
Grosse " ohne "	1 "		—	50
Mittlere " " "	1 "		—	40
Kleine " " "	1 "		—	25

Kanonen für Festungen:

			Frs.	Cts.
Grosse	1 "		—	60
Mittlere	1 "		—	40
Kleine	1 "		—	30
Grosse lange **Pulverwagen**	1 "		—	90
Mittlere "	1 "		—	70
Kleine "	1 "		—	40
Chaislein mit Figuren	1 "		—	70
" ohne "	1 "		—	50

Chirurgische Jnstrumente von Zinn.

			Frs.	Cts.
Klistierspritzen No 1. mit 2 Rohr,	1 "		6	20
" " 2. " " "	1 "		5	—
" " 3. " " "	1 "		4	—
" für Kinder, No 4.	1 "		2	50
Mutterrohr zu obigen Spritzen	1 "		—	90
Wundenspritzen No 1.	12 "		9	—
" " 2.	12 "		7	80
" " 3.	12 "		6	—
" " 4.	12 "		4	60
" " 5.	12 "		4	20
" mit starkem Stössel	12 "		9	60
Bierspritzen	12 "		14	40
Mutterscheidenspritzen	12 "		12	—
Grosse Pferdespritzen mit 1 Rohr	1 "		11	—
Mittlere " " 1 "	1 "		9	50
Kleinere " " 1 "	1 "		8	—
Mutterrohr zu den Pferdespritzen	1 "		2	30
Katheter, 1 Ries (No 1-6)	6 "		12	—

Auch verfertige viele andere grosse Zinnwaaren, wie Suppenschüsseln, Bettflaschen, Wärmeplatten, Teller, Löffel und Anderes mehr, und können diese Waaren zu billigen Preisen bei mir bezogen werden.

Ernst Heinrichsen, Nürnberg

Kulturgeschichtliche Darstellungen.

„Aus deutscher Vergangenheit"

Die Typen dieser Darstellungen sind nach eingehenden Studien zeitgenössischer Abbildungen sorgfältig ausgearbeitet. Die Typen sind abwechselungsreich und vielfältig und so bieten diese Zusammenstellungen ein buntes, belebtes Bild des jeweils wiedergegebenen Zeitabschnittes, einen kleinen, freundlichen Ausschnitt aus der deutschen Kulturgeschichte. — Die Ausgaben werden in gleicher Weise fortgesetzt; weitere Darstellungen sind in Bearbeitung.

Kreuzfahrt (marschierende Ritter, Knappen, Fußvolk, Mönche und Troß)

Bürgerleben aus der Biedermeierzeit.
(Postkutsche, Bürger, Frauen, z.T. Anlehnung an die Gestalten eines hervorragenden deutsch. Schriftstellers u. Humoristen)

In Vorbereitung:
Stadtbevölkerung um 1650

Mittelalt. Dorfbewohner
(etwa z. Zt. der Sachsenkaiser)
Bauern, Hirten, ländliche Handwerker bei der Arbeit.

Mittelalter-Städtebau
(Maurer, Zimmerleute, Steinmetzen usw. bei der Arbeit)

Rokoko-Stadtleben
(Vornehme Herren, Bürger, Handwerker, Galakutsche usw.)

Kleinstadtleben aus der Zopfzeit.
(Stadtleute, Handwerker, Polizei, Sänfte usw.)

-: Ausgaben gleicher Art früherer Jahre. :-

Pfahlbaudorf.
Altgermanen, Edelhof
,, Dorfbewohner
,, Opferfest
,, Jagd
Völkerwanderungszug
Hunnenlager
Heereszug Karl d. Gr.
Burgbewohner (Hohenstaufenzt.)
Turnier um 1450
Raubritter-Überfall
Mittelalt. Stadtleben
,, Festwiese
Burgleute um 1450
Gutshof um 1500
Gartenpromenade um 1860
Wochenmarkt ,, ,,
Wintervergnügen ,, ,,
Gartenpromenade ,, 1875
Ferienreisen ,, ,,
Prozession
Wallfahrt

A. d. klassisch. Altertum

Aegypter Volk a.d. Pharaonzeit
Phöniker Hafenleben
Griechen, Stadtvolk
Römer, Zirkus
,, Triumphzug
,, Lager
,, Stadtleben

Aus fernen Landen.
Eskimoleben
Afrikan. Löwenjagd
,, Steppenjäger
,, Elefantenjagd
,, Urwaldjagd

Negerdorf
Karawane

Indische Tigerjagd
Indisches Volksleben

Amerikan. Büffeljagd
Indianer-Dorf
Trapper-Lager
Wild-West

38

Tempelritter, Bogenschützen
Deutschordens   ,,
Kreuzfahrer   ,,
240/2 Sarazenen ,,
Sarazenen, Fußvolk, Sturm
   ,,   Reiter, Angriff
240/3 Kreuzfahr. Reiter, Angriff
Deutschordens   ,,   ,,
Templer   ,,   ,,
Ritter   ,,   ,,
240/4 Krieger um 1200, Fußvolk
(Sachsen, Normannen)

Reiter um 1200
Krieger um 1000, Fußvolk
Reiter um 1000

240/5 Wikinger (Waräger)
   kämpfend
Moskowiter, kämpfend
Tataren,   ,,
Mongolen   ,,
Ungarn   ,,
Wikinger (Waräger) Reiter,
   Angriff
Moskowiter, Reiter, Angriff
Tataren   ,,   ,,
Mongolen   ,,   ,,
Ungarn   ,,   ,,

**244 10. Jahrhundert,
Karolingerzeit**

Franken, Fußvolk, Marsch
  ,,   ,,   Sturm
  ,,   Bogenschützen
Lombarden, Fußvolk, Marsch
Altsachsen, ,,   kämpfend
  ,,   Bogenschützen
  ,,   Reiter, Angriff
Altfranken, ,,   Schritt
  ,,   ,,   Angriff
Kaiser Karl der Große mit
   Gefolge

246 Völkerwanderung

Goten, Fußvolk, Sturm
Vandalen, ,,   kämpfend
Altfranken ,,   ,,
   (Merowinger)
Byzantiner, Fußvolk
Hunnen,   ,,
   ,,   Reiter m. Wurfschlinge
   ,,   ,,   Bogenschützen
   ,,   ,,   m. Speer
Altfranken, Reiter
Goten   ,,
   (m. Schlachtbeil)
Byzantiner, Reiter

Gebr. Rieche - Hannover
Heiligerstraße 6 · Gegründet 1866

Fabrik historischer Zinnsoldaten
in genauester Bemalung der Regimentsfarben
Fahnen und Standarten sämtlicher Regimenter ꝛc.

Packung: 10 Reiter oder 20 Fußsoldaten
Preis: Karton Mk. 2.50

Feldzüge

Römer und Germanen
Kreuzzüge
Ritterzeit
30 jähriger Krieg
Eroberung von Mexiko
7 jähriger Krieg
Preußen, Oesterreich, Frankreich
Aegyptischer Feldzug
Befreiungskrieg 1813/15
Preußen, Frankreich, Rußland, Schweden,
Polen, Oesterreich, Sachsen, Westfalen,
Bayern, England,
Königl. deutsche Legion ꝛc.
Indischer Aufstand

Dänischer Krieg 1864/66
Deutscher Krieg 1866
Preußen, Hannover,
Oesterreich ꝛc.
Deutsch-Französischer
Krieg 1870/71
Russisch-Türkischer Krieg
Russisch-Japanischer Krieg
Weltkrieg 1914/18
Indianer-Kämpfe, Afrikanische Kämpfe,
Jagden, Hühnerhöfe, Schäfereien,
einzelne Häuser, Bäume,
Büsche ꝛc. in großer Auswahl
Jockei, Rennfahrer, Schrittmacher ꝛc.

Generalstäbe und Gruppen

Lager

Infolge seiner historisch genauer Bemalung ist der Zinnsoldat ein belehrendes Spielzeug
für unsere Jugend und wird von alt und jung gern gekauft.

Beschreibung unserer Fabrikation umstehend.

GEBRÜDER RIECHE / HANNOVER

Friedericus Rex
1756.

Parade: Grenadiere in Front
Musketiere
Füsiliere
Feld-Jägerkorps
Grenadiermusik, spielend
Spielleute
Garde du Korps
Kürassiere
Grenadiere zu Pferd
Dragoner
Flügelmützen-Husaren
Ziethen-Husaren
reit. Artillerie
Fuß-   „
Parade-Zuschauer

Generalstab, Friedrich II. und 12 der bekanntesten Generäle.

Kampf: Garde . . . . . . kämpfend, schießend anl.
Grenadiere . . . .   „   „   „
Füsiliere . . . . .   „   „   „
Musketiere . . . . marsch.
Kürassiere . . . . kämpfend, Reserve
Dragoner . . . . .   „
Flügelmützenhusaren.   „
Ziethenhusaren . . . ang. Reserve
Bosniaken . . . .   „
reit. Artillerie . . . in Tätigkeit
Pionierkorps . . . .   „   „

Oesterreich

Musketiere . . . . kämpfend
Feldjäger . . . . . schießend
Panduren . . . . . kämpfend
Kroaten . . . . .   „
Ung. Krongarde . .
Serezaner . . . . .
Czekler Inf. . . . .
Kürassiere . . . . kämpfend
Dragoner . . . . .   „
Fußartillerie . . . . schießend

Frankreich

Ulanen . . . . . . ang.

Gruppen: Schwerins Tod
Ziethengruppe
Friedrich II. b. Zorndorf
Prinz Aug. v. Preußen usw.

Liste 71

Spezialhaus für Zinnsoldaten-Sammelsport, RICHARD ZEUMER
Dresden-A., Schloßstraße 22, part. und 1. Etage

Zinnsoldaten eigener Fabrikation in gutem Metall
feinster Gravur, Zeichnung und Bemalung, Infanterist 3 cm. hoch.

Reichswehrtruppen in Stahlhelm

Nr.	Bezeichnung	Stück Pfg.
4000	Offizier zu Pferd Marsch	30
4001	Wachtmeister zu Pferd "	30
4002	Signalist zu Pferd "	30
4003	Reiter, Lanze hoch, haltend mit Lanzenfähnchen	30
4004	Reiter, Lanze an der Lende, Marsch, ohne Fähnchen	30
4005	Offizier zu Fuß Marsch	15
4006	Signalist (Trompeter) "	15
4007	Querpfeifer zu Fuß "	15
4008	Trommler zu Fuß "	15
4009	Tambourmajor zu Fuß "	15
4010	Infanterist, Marsch, mit aufgefl. Seitengewehr	15
4011	Infanterist Marsch ohne aufgepfl. Seitengewehr	15
4012	Pionier, Marsch mit Schanzzg.	15
4013	M. G. Mann m. Traggurt Marsch	15
4014	Infanterie-Fahnenträger "	15
	Fahne entfaltet über d. Schulter	30
	Regt.-Fahnen gemalt	75
4015	Motorradfahrer feldmäßig	40
4016	Inf. Offizier, stillgestanden, Säbel gesenkt	15
4017	Tambourmajor f. präsentierend	15
4018	Trommler "	15
4019	Querpfeifer "	15
4020	Infanterist "	15
4021	Offizier zu Pferd haltend	30
4022	Cav. Musik Stabshornist	40
4023	" Kesselpauker	40
4024	Cav. Musik Trompeter kz. Tr.	40
4025	" gr. Tr.	40
4026	Bombardon Bläser	40
4027	Reiter Schritt Lanze hoch	30
4028	Stabshornist zu Fuß	15
4029	Präsident Hindenburg in Zivil zu Fuß	30
4030	Infanterist, Gewehr über, stillgestanden	15
4031	General z. Fuß u. Mütze stehend	15
4032	Offizier z. Fuß grüßend "	15
4033	Reiter auf Pferd oder Protze steigend	15
4034	Reiter ohne Pferd, Stellung Pferde haltend	15
4035	Mann, Feldartillerie, Marsch, umgehängtes Gewehr, o. Tornister	15
4036	Mann schwere Feldartillerie, Marsch, ohne Gewehr	15
4037—48	Inf. Musik auf dem Marsch spielend (12 Fig.-Typen) je	20
4050—51	Inf. Spielleute auf d. Marsch nicht rührend (Querpfeifer und Trommler) je	20
4052	Reiter mit Lanze abgesessen, sein Pferd führend	40
4053	Tromp. z. Pferd haltend, i. Reserve	30
4054	Offizier zu Pferd, Degen gezogen Schritt	30
4055	Inf. Gewehr b. Fuß stehend	15
4056	Artillerist Schritt mit Carabiner	15

Reichswehrartillerien, Wagen und Autos, sowie sonstiges modernes Zubehör enthält die neue sechsseitige Zubehörliste Nr. 70

27 Kartonschachtel der Zinngießerei Johann Wilhelm Gottschalk in Aarau mit der handschriftlichen Inhaltsangabe: »150 Stk. Basler Bataillon«, um 1810. (Museum Schlößli, Aarau)

28 Ritterturnier um 1500.
(Fig.: J. R. Wehrli, Aarau, um 1830. B.: Originalbemalung aus der Zeit. S.: Mäder)

29 Verpackung der Aarauer Zinnfiguren um 1850. In solche Spanschachteln wurden die Figuren lagenweise zwischen Papier und Holzwolle gelegt. Beim vorliegenden Beispiel steht handgeschrieben auf der Firmenetikette: »1 (Pfund) 31 Stück fein halber Artillerie-Park No. 2«. (Museum Schlößli, Aarau)

30 Figuren aus der Serie Promenade und Gartengesellschaft (ca. 1840–1850).
Diese Figuren von J. R. Wehrli sind Nachahmungen entsprechender Allgeyer- und Heinrichsen-Modelle. Blankgüsse aus alten Gußformen.
(Fig.: J. R. Wehrli, Aarau. S.: Schweiz. Landesmuseum, Zürich)

31 Prozession und Wallfahrt (ca. 1850). Blankgüsse aus alten Formen.
(Fig.: J. R. Wehrli, Aarau. S.: Schweiz. Landesmuseum, Zürich)

32 Eidgenössische Infanterie-Ordonnanz (1843–1852).
(Fig.: J. R. Wehrli, Aarau. B.: Originalbemalung aus der Zeit. S.: Historisches Museum, Basel)

33 Almhirt mit Hund, Ziegen und Schafen (ca. 1840–1850).
(Fig.: Zinn-Compositions-Figuren-Fabrik Heinrichsen, Nürnberg. B.: Originalbemalung aus der Zeit. S.: Mäder)

34 Plastische Zinneisenbahn (1847). Höhe: ca. 5 cm.
Kurze Zeit nach der Einweihung der »Spanischbrötlibahn« von Zürich nach Baden sind die Formen für diese entzückende Zinneisenbahn geschaffen worden. Sie gehört zu den ersten und ältesten Spielzeugeisenbahnen, die noch erhalten sind.
(Fig.: J. R. Wehrli, Aarau. B.: Originalbemalung aus der Zeit. S.: Schweiz. Landesmuseum, Zürich)

35 Szenen aus der Tellsgeschichte. a) Weigerung Tells, den Hut Geßlers zu grüßen; b) Apfelschuß in Altdorf; c) Sprung und Flucht Tells aus dem Boot; d) Geßlers Tod in der Hohlen Gasse.
(Fig.: Zinn-Compositions-Figuren-Fabrik Heinrichsen, Nürnberg. B.: Originalbemalung aus der Zeit. S.: Mäder)

36 Zinnfigurenkatalog der Firma J. R. Wehrli, Aarau. (Museum Schlößli, Aarau)

37 Eine Seite aus dem Zinnfigurenkatalog der Firma E. Heinrichsen, Nürnberg.

38 Eine Seite aus der Sortenliste der Firma E. Heinrichsen, Nürnberg.

39 Eine Seite aus dem Zinnfigurenkatalog der Firma Gebrüder Rieche, Hannover.

40 Eine Seite aus dem Katalog »Historische Zinnsoldaten« der Firma Gebrüder Rieche, Hannover.

41 Eine Seite aus dem Zinnfigurenkatalog der Firma R. Zeumer, Dresden.

Herstellung von Zinnfiguren

Quellenforschung

Um eine Zinnfigur, gleichgültig für welches Jahrtausend oder Jahrhundert, historisch genau entwerfen und herstellen zu können, sind zuverlässige Unterlagen notwendig. Dazu gehören Chroniken und alle möglichen Arten von Nachschlagewerken, die über die Geschichte und Kulturgeschichte, die Kostüm- und Uniformkunde, Heraldik und Waffentechnik Auskunft geben. Bei einzelnen Problemen können unter Umständen auch Spezialisten weiterhelfen.

Steht am Anfang eine Idee, eine flüchtige, noch ungenaue Skizze der darzustellenden Figur, so trägt die Quellenforschung dazu bei, alle Kenntnisse zu vereinen, um das angestrebte Ziel, die Herausgabe einer historisch genauen Zinnfigur, zu erreichen.

Eines der schwierigsten Gebiete der Quellenforschung bilden die Fahnen und Standarten. Für das Mittelalter liefern zeitgenössische Chroniken und neuere Fahnenbücher gute Unterlagen. Zudem gibt es in den einzelnen Ländern Gesellschaften für Fahnen- und Flaggenkunde, bei denen ausgezeichnete Anweisungen erhältlich sind, wie Fahnen zu zeichnen und zu bemalen sind.

Neben die Vexillologie, die Fahnen- und Flaggenkunde, tritt die Heraldik, die Wappenkunde. Beides sind Gebiete, die natürlich nicht nur die Zinnfigurensammler und -hersteller interessieren.

Die Zinnfiguren können also dazu führen, sich eingehender mit den Fahnen, Erkennungs- und Ehrenzeichen einer bestimmten taktischen Einheit, einer Gesellschaft oder Körperschaft, zu beschäftigen. Beutefahnen und eigene Hoheitszeichen wurden früher sorgfältig aufbewahrt und in Fahnenbüchern bildlich und schriftlich festgehalten. Heute findet man noch zahlreiche Exemplare in den Museen, obwohl während der letzten 200 Jahre durch falsche Behandlung der Textilien ein beträchtlicher Teil dieses kostbaren Gutes für alle Zeiten verloren ging.

In diesem Zusammenhang werden, um noch ein Beispiel zu nennen, die Schützenfähnchen des 15. bis 17. Jahrhunderts wichtig, die besonders in den Städten zu finden waren. Sie sind vor allem für die Waffengeschichte und Militärkunde interessant, denn die auf ihnen dargestellten Embleme, etwa bestimmte Waffen, sind sehr wirklichkeitsnah wiedergegeben. Zur Datierung von Fahnen und erhaltenen Originalwaffen, aber auch für kunst- und kulturgeschichtliche Belange sind die Fähnchen also von großer Bedeutung.

Herstellung von Zinnfiguren

Ein Zinnfigurenhersteller kann solche Fähnchen nachbilden, sie ermöglichen es ihm aber auch, Armbrüste und Büchsen als Waffen für seine Zinnsoldaten historisch genau zeichnen und gravieren zu lassen. Denn die Maler, die diese Fähnchen verzierten, gaben auf ihnen die Waffen nicht schematisiert wieder, sondern vielfach nach den Originalen oder nach anderen genauen Vorlagen.

Zeichnung

Erst aufgrund eingehender Quellenforschung und einer sorgfältig ausgewählten Dokumentation kann eine genaue Zeichnung entworfen und in der richtigen Größe für die Vorder- und Rückseite einer Figur angefertigt werden. Sie bildet die Unterlage für den Graveur. Ein Zeichner kann sich nicht allein auf so bekannte Serien wie jene von Knötel und anderen verlassen, sondern er muß auch persönlich weiterforschen. Er sollte nicht nur alte und neue Schriften und Bücher kennen, sondern als eifriger Leser auch wissen, auf welche Unterlagen er sich ohne weiteres stützen kann, denn nicht alle sind über jeden Zweifel erhaben.

Es liegt an jedem einzelnen, ob er sich beispielsweise auf die zahlreichen, zum Teil einander widersprechenden Werke der Dichtung verlassen will oder nicht. In Homers »Ilias« und »Odyssee« findet man recht genaue Angaben zur Bekleidung, Bewaffnung und Rüstung der einzelnen Krieger. So gibt es denn auch die Helden des Trojanischen Krieges in hervorragenden Serien.

Der Zeichner beginnt, sobald er über genügend Unterlagen verfügt, mit Entwürfen und Rohzeichnungen, die er kritisch auf anatomische Richtigkeit, auf Größe, Bewegung, Kleidung, Bewaffnung usw. prüft. Darauf wird der Entwurf für die Vorder- und Rückseite in der richtigen Größe auf Transparentpapier übertragen.

Gravur

Als Material für die zu gravierenden Gußformen dienen meist Schieferplatten, seltener auch Kupfer und Messing. Zwei Halbformen, je eine für die Vorder- und für die Rückseite, sind notwendig. Jede Schieferplatte ist genau zu kontrollieren, da es vorkommt, daß die eine oder andere weiche und harte Stellen zugleich

Herstellung von Zinnfiguren

aufweist. Dies kann schon bei der Gravur, mehr jedoch noch beim Gießen zu Ausbrüchen am Figurenrand führen.

Der Graveur sticht die übertragene Zeichnung mit dem Stichel in leichter Vertiefung auf die Schieferplatten. Ist die eine Seite der Form fertiggestellt, werden die Paßzapfen eingegossen. Die beiden Formteile schleift man, wenn sich dies als nötig erweist, unten auf der Stehbrettseite plan. Die gravierte Fläche wird mit Druckerschwärze behandelt und fest auf die andere Hälfte gedrückt. Auf dieser sind jetzt die Konturen abgebildet, und der Vorgang der Gravur wiederholt sich für die zweite Seite.

Erst zum Schluß werden technische Hilfsmittel wie Entlüftungskanäle und Luftlöcher von meist einem halben Millimeter Durchmesser angebracht. Spinnwebartige Kanäle, sogenannte Pfeifen, die mit einer Reißnadel gezogen werden, sorgen dafür, daß die Luft beim Gießen abzieht.

Die Luftlöcher sind für die sogenannten Inseln nötig, die zum Beispiel bei einer Figur entstehen, die einen Arm abgewinkelt auf die Hüfte stützt. In diese gewöhnlich dreieckförmige Insel muß das von Graveuren und Gießern gefürchtete Loch gebohrt werden, damit auch in diesem Bereich die Luft abziehen kann.

Hauptsächlich bei schwierigen Figuren kommt es darauf an, die Kanäle und Luftlöcher so anzuordnen, daß sich kostspielige Fehlgüsse möglichst vermeiden lassen. Die ausgeführte Arbeit kann man schließlich mit Plastilin- oder Knetgummi-Abdrücken kontrollieren.

Auf einen Stein können je nach Größe mehr oder weniger Figuren graviert werden. Der Herausgeber hat dabei zu bestimmen, welche Typen er zusammen unterbringen will. Falsch wäre es beispielsweise, auf dieselbe Form einen Offizier und zwei Fußsoldaten zu gravieren, denn bei einer Bestellung kommen auf einen Offizier Dutzende von Soldaten. Da man nun die drei auf der Form vereinten Figuren nur auf einmal gießen kann, müßte man die überzähligen Offiziersfiguren wieder einschmelzen.

Am besten ist es wohl, auf einen Stein nur solche Figuren zu gravieren, die die Sammler in wenigen Exemplaren oder überhaupt nur einmal benötigen, zum Beispiel einen Offizier und einen Fahnenträger. Die bestmögliche Lösung ist mit dem Graveur abzusprechen. Dieser steht dafür ein, daß die Gravur den ihm übergebenen Zeichnungen bis ins letzte Detail entspricht. Für die Verteilung der Figuren auf die einzelnen Steine ist jedoch der Herausgeber verantwortlich, geht es hier doch schließlich auch um sein Geld (vgl. Abb. 43).

Herstellung von Zinnfiguren

Guß

Der Gießer muß zunächst die Form vorbereiten, d.h. sie rußen oder eventuell mit verschiedenen puderähnlichen Substanzen einstäuben. Der Ruß fettet die Form ein, und die Figuren erhalten eine glatte Oberfläche.

Der Guß erfolgt nach leichtem Anwärmen der Form. Ein Gießer sollte übrigens auch die Gravurtechnik beherrschen, damit er weiß, wo er die Form verbessern kann, wenn sie nicht richtig läuft. In einem solchen Fall sind neue Luftkanäle anzubringen oder zusätzliche Luftlöcher zu bohren; gegebenenfalls ist auch der Angußkanal zu verstärken.

Heutzutage besteht die Legierung, die zum Gießen verwendet wird, meist aus Zinn und Blei, wobei das erstere stark überwiegt. Hinzugemischt wird Antimon, das der Schmelze eine höhere Viskosität verleiht. So können die neueren Figuren einige Male gebogen werden, bevor sie brechen, im Gegensatz zu den Figuren, die gegen Ende des Ersten Weltkrieges hergestellt wurden und mehr Blei enthalten.

Die genaue Zusammensetzung der Legierung halten die Gießer oft geheim, obwohl dies heute kaum mehr nötig wäre. Gewöhnlich werden Zinn und Blei im Verhältnis Drei zu Eins gemischt.

Der Tiegel zum Erhitzen der Legierung wird heute meist elektrisch auf die gewünschte Temperatur gebracht, die bei 300 bis 400 Grad Celsius liegt und, wie Tilo Maier in seinem Aufsatz *Herstellung von Zinnfiguren* (1977) angibt, auch elektronisch gesteuert werden kann. Damit das Metall in alle Hohlräume fließt, rüttelt und schwenkt der Gießer die Form.

Zum Gießen werden die beiden Halbformen aufeinander gepreßt und mit Klammern zusammengehalten. Der Gießer läßt das zum Schmelzen gebrachte Metall mit einem Löffel durch den Gußkanal in die Form laufen, wo es fast augenblicklich erstarrt. Die Form wird nun auseinander geklappt und die Figur mit einer Zange herausgenommen. Das Metall im Anguß zwickt man ab und reinigt die Figur mit einem Skalpell.

Von Vorteil ist ein rascher Gießprozeß, um in kurzer Zeit zahlreiche Figuren herstellen zu können. Gußformen aus Kupfer oder Messing sind fast unbeschränkt haltbar, doch auch mit solchen aus Schiefer können bei guter Behandlung Tausende einwandfreier Figuren gegossen werden.

Von einer bestehenden Figur läßt sich mit hitzebeständigem Gips eine Abdruckform herstellen. Die mit ihr nachgegossenen Figuren sind jedoch nie so

42 Die Herstellung von Zinnfiguren: Bemalung.

42

43 Die Herstellung von Zinnfiguren: Zeichnung, gravierter Schieferstein und Blankguß.

Herstellung von Zinnfiguren

scharf wie die Originale. Zudem zerspringen die Gipsformen oft nach wenigen Güssen. Und dies ist auch gut so, denn sonst würde der Nachahmerei Tür und Tor geöffnet.

Entgratung

Bevor man sie bemalen kann, muß jede Figur entgratet werden. Auch beim besten Guß ist es unmöglich, die Figuren direkt zu bemalen. Dies soll keineswegs eine Kritik an der Leistung der Zinnfigurengießer sein. Da wir aber scharfe Abgüsse haben wollen, müssen möglichst dünnflüssige Legierungen verwendet werden, und diese neigen dazu, in die feinsten Hohlräume einzudringen. Besonders gefährdet sind dabei die Umrißkanten der Figuren.

Die Kontur einer frisch gegossenen Zinnfigur ist auf beiden Seiten zu entgraten. Man befreit sie auf diese Weise von Formversatz und eventuell ausgelaufenen Luftkanalresten. Dieser Arbeitsgang ist besonders wichtig, da er über das gute Aussehen der fertigen Figur entscheidet. Als flache Form lebt die Zinnfigur von der Kontur, darin dem Scherenschnitt ähnlich.

Zum Entgraten gehört nicht nur das Putzen der eigentlichen Figur, sondern auch das Verfeilen des Fußbrettchens. Die Figuren sollen schließlich sicher stehen und keine scharfen Kanten mehr aufweisen, durch die sie sich gegenseitig beschädigen könnten.

Bemalung

Nach dem Gießen und Entgraten bemalt man die Zinnfiguren nach Vorlagen, heute meist mit Ölfarbe, darüber teilweise mit Tempera. Als Schutz kann ein Lacküberzug hinzukommen. Für die kleinsten Details, zum Beispiel die Gesichter, ist eine Lupe zu empfehlen (vgl. Abb. 42).

Die Maltechniken reichen von einfacher Flachbemalung für Massenaufstellungen, ohne Schattierung, bis zur feinsten, keine Kleinigkeit vernachlässigenden Bemalung mit Tempera, durch die jede Zinnfigur zu einem Miniaturkunstwerk werden kann.

Herstellung von Zinnfiguren

Dabei ist zu bedenken, daß für eine Masse, zum Beispiel ein Karree, die einfache Flachbemalung wirkungsvoller ist als eine komplizierte Technik, die mit Schattierungen arbeitet. Die Masse erscheint so geschlossener und farbenprächtiger; sie strahlt zudem mehr Stoßkraft aus. Lediglich Einzelfiguren, etwa Offiziere und Fahnenträger, können, um sie hervorzuheben, mit mehr Einzelheiten bemalt werden.

Jeder Maler ist sein eigener Meister. Wenn einmal eine Figur nicht richtig gelingt, kann man sie mit Aceton reinigen und von neuem beginnen. Ein Kenner weiß bei gelungenen Figuren mit ziemlicher Sicherheit zu sagen, von wem sie bemalt wurden. Einige Maler — allerdings nur wenige — signieren aber auch unten auf dem Fußplättchen.

Zum Problem der Maltechnik meint Erwin Ortmann in *Zinnfiguren einst und jetzt* (1973): »Es gibt sicherlich ebenso viele Rezepte zum Bemalen der Figuren wie Sammler überhaupt. Wenn ein Anfänger reihum geht, um die erfahrenen Maler zu befragen, wird er mit wirrem Kopf und einem vollgeschriebenen Notizbuch zurückkehren und nicht wissen, was er mit den vielen, einander oft widersprechenden Angaben anfangen soll. Das einfachste ist dabei stets, wenn er die ihm am besten gelegene Arbeitsweise verwirklicht, selbst wenn es auch anfänglich nicht die beste ist. Nur so kommt er zum Erfolg.«

So entschloß sich zum Beispiel Horst Becker, wie in seinem Aufsatz *Bemalen von Zinnfiguren* (1977) nachzulesen ist, nach verschiedenen Experimenten mit Wasser- und Temperafarben sowie Lacken für Künstler-Ölfarben über einer dunklen Grundierung. Seine Grundfarbe besteht aus einer Mischung von Elfenbeinschwarz, Paynesgrau oder Indigo mit etwas Preußischblau. Dies ergibt einen blauschwarzen, leicht violett schimmernden Ton.

Becker geht ähnlich vor, wie dies auch bei der Ölmalerei der Fall ist: Nach den dunklen werden die hellen Töne aufgetragen. Die dunkle Grundierung hat den Vorteil, die tiefen Töne der Figur besser hervortreten zu lassen. Zudem gibt Preußischblau an lasierten Stellen schon den bläulichen Schatten, der auch in Wirklichkeit immer etwas vorhanden ist. Heute wird fast ausschließlich mit Künstler-Ölfarben gemalt. Sie sind, was Lichtechtheit, Leuchtkraft und Beständigkeit betrifft, unübertroffen.

Einige Maler beginnen mit Gesicht und Händen. Hinzu kommen gegebenenfalls weitere unbekleidete Stellen wie Brust, Beine usw. und die Haare. Daran erst schließt sich die Kleidung bzw. die Rüstung an. Andere gehen genau

umgekehrt vor. Jeder Maler erarbeitet sich auf diese Weise seine eigene Technik und seinen persönlichen Stil.

Die Fußbrettchen für zusammengehörige Figuren sind alle gleich zu bemalen: grau, gelb, grün oder für den Winter weiß. Grün ist möglichst wenig zu verwenden, denn es verträgt sich oft nicht mit den Farben der Figuren.

Keine Figur läßt sich in einem Zug beenden. Man muß abwarten, bis jede Farbschicht gut getrocknet ist, bevor man weitermalen kann. Soll eine Figur rasch trocknen, muß nach Becker schon bei der Grundierung und auch bei der weiteren Bemalung etwas Ölmattlack und Balsamterpentin beigemischt werden. Auch ganz zum Schluß trägt Becker etwas Ölmattlack auf, der die Figur schön matt erscheinen läßt. Wird sie allerdings zu matt, kann sie auch mit Seidenglanzmattlack überzogen werden.

Der letzte Arbeitsgang ist meist das Bemalen der Metallteile und der Beschläge mit Silber- oder Goldbronze. Bei guten Abgüssen können Rüstung, Harnisch und die metallischen Teile der Gewehre mit lasierendem Schwarz oder Preußischblau bemalt werden.

Ein großer Teil der Sammler zieht die »Weißgrundierung« vor, die für viele die Konturen der Figuren besser erkennen läßt. Bei der weißen Grundierung läßt sich die Bemalung in derselben Reihenfolge wie bei der dunklen vornehmen. Etwas schwieriger ist das Aneinandersetzen der Farbflächen und das Hineinmalen der Tiefen, das mehr Konzentration erfordert. Das Weiß oder Grau der Grundierung muß restlos zugemalt werden. Dabei ist ein Vorlack zu empfehlen, der die Farben gleichmäßig trocknen läßt.

Für den Anfänger genügt zunächst ein Satz von Künstler-Ölfarben in den Grundtönen. Erst später braucht er auch Spezialfarben. Wie Harald Kebbel in seinem Aufsatz *Bemalen von Zinnfiguren* (1977) ausführt, sollte man schon zu Beginn folgende Farben besitzen, mit denen man auf der Palette die verschiedenartigsten Farbnuancen mischen und erzielen kann: Titanweiß, Elfenbeinschwarz, Preußischblau, Englischrot, Neapelgelb, Chromgelb, Zinnoberrot, Karminrot, Goldocker, Chromoxidgrün.

Diese Farben lassen sich nicht so verwenden, wie sie aus der Tube kommen. In dieser Form sind sie zu dick und trocknen zu rasch. Außerdem wird der Pinsel zu schnell hart. Man muß wenig Farbe auf eine Palette drücken und mit einem Malmittel verdünnen. Dafür eignet sich Mussini III sehr gut, das recht schnell trocknet.

Herstellung von Zinnfiguren

Für eine gute Bemalung sind auch ausgezeichnete Pinsel der Größe 1 bis 3 notwendig, die man am besten mit Terpentinersatz reinigt. Zum Auswaschen dreht man den Pinsel leicht gegen die Wand des Glas- oder Porzellangefäßes, damit die Pinselspitze keinen Schaden nimmt. Zum Abtrocknen kann am besten ein sauberer Lappen dienen.

Bemalt man eine größere Zahl von Figuren, kann man sie entweder in mit einer Nut vorbereitete Holzbrettchen oder Schienen schieben oder auf Holzbrettchen aufkleben. So muß nicht jede einzelne Figur in die Hand genommen werden. Dutzende von Figuren lassen sich nun mit denselben sich immer wiederholenden Farben bemalen. Auch Details, die zum Beispiel Begürtung und Bewaffnung, etwa Pistolenhalfter usw., betreffen, können bei zahlreichen Kriegern auf einmal ausgeführt werden.

Rudolf Wallner (*Bemalen von Zinnfiguren*, 1977) schreibt ausführlich über verschiedene Maltechniken, die er durchprobierte. Nach anfänglich schlechten Erfahrungen mit Wasserfarben ohne Grundierung entschloß er sich bald zur Verwendung von Künstler-Ölfarben, dazu Terpentin und Ölmattlack. Er grundierte weiß, malte zunächst flächig, später mit geringen Andeutungen einer Schattierung. Dann wechselte er auf eine dunkle Grundierung mit Schwarz oder Schwarzblau und malte vom Dunklen ins Helle. Schließlich grundierte er mit einer Mischung aus Ocker, Weiß und Schwarz, die einem schmutzigen Khaki gleicht. Er geht nun von der dunklen Tönung einer Farbe aus und bringt »Licht« hinein, das heißt, er malt die hellen Töne naß auf und setzt am Schluß auf die Stellen, die am hellsten hervortreten sollen, kleine Spitzlichter auf.

Vor der Bemalung säubert er wie üblich die Figuren von allen Gießgraten und entfettet die vom Ruß der Gießform mit einer fettigen Trennschicht und mit Talkum behafteten Figuren, indem er sie in Trichloräthylen wäscht. Dieses Bad braucht nur wenige Sekunden zu dauern. Dann werden die Figuren unter klarem Wasser abgespült, und man läßt sie trocknen.

Der Farbauftrag muß dünn und doch teilweise deckend sein. Alle Konturen und Feinheiten der Gravur sollten stets gut erkennbar bleiben. Wenn der Pinselstrich zu sehen ist und stehen bleibt, also nicht verläuft, ist die Farbe zu dick. Auch wenn die Grundierung in relativ kurzer Zeit trocknet, ist es am besten, einige Tage zu warten, bevor man die Farbtöne anbringt. Daß eine Figur nicht auf einmal fertiggemalt werden kann, weil aneinanderstoßende Farbflächen an den Rändern leicht verlaufen, weiß jeder Zinnfigurenmaler.

Herstellung von Zinnfiguren

Ähnliche Empfehlungen finden sich auch im schon erwähnten Aufsatz von Harald Kebbel. Er tritt für eine sehr dünn aufgetragene weiße Grundierung ein. Die Farbe wird mit Terpentin verdünnt. Eine so grundierte Figur strengt beim Malen die Augen nicht so an wie eine blanke. Ist die Grundierung getrocknet, kann man mit dem Malen beginnen. Zuerst werden für eine ganze Serie von Figuren die Hautfarben aufgetragen. Diese Farben muß man sich mischen. Auf jeden Fall werden alle Figuren mit derselben Farbe gleichmäßig bemalt.

Ausführlich beschreibt Kebbel die Bemalung der friderizianischen Soldaten. Sind die Hautfarben einmal getrocknet, werden die Soldaten »angezogen«. Zuerst malt man die weiße Hose und die Weste, dann die schwarzen Gamaschen, ähnlich wie ein Soldat sich anzieht. Will man Licht- und Schattenwirkungen erzielen, gibt man dem Weiß auf der Palette etwas Braun oder Schwarz bei. So wird die Farbe gebrochen, und man kann anschließend mit reinem Weiß ein Licht aufsetzen. Für die Schattierung wird die Grundfarbe noch mit etwas mehr Braun oder Schwarz gemischt.

Anschließend kommt der blaue Rock an die Reihe. Hier wird nicht einfach das Preußischblau aus der Tube verwendet; man mischt es mit Weiß und hellt es so ein wenig auf. Um Licht auf die erhöhten Stellen zu bekommen, wird dort etwas mehr Weiß hinzugefügt. Alles wird Naß in Naß gemalt. Darin liegt gerade der große Vorteil des Malens mit Ölfarben, durch den diese Maltechnik jede andere übertrifft.

Nun ist der Soldat angezogen, und die Farben können bis zum nächsten Tag trocknen. Taschen, Beutel, Aufschläge, Riemen usw. sollte man unbedingt beim Malen der Kleidung aussparen, denn nur so bleibt für sie das Weiß der Grundierung erhalten. Außerdem sieht man immer, was noch zu bemalen ist, und ein weißer Riemen kann nur voll zur Geltung kommen, wenn man den Grund zuvor nicht mit Preußischblau abgedeckt hat. Erst wenn die Figuren ganz trocken sind, kann man die Metallfarben auftragen. Dazu läßt sich Bronze- oder Metallpulver, mit einem Metallmittel angerührt, verwenden.

Um neben den Fußsoldaten auch Reiter bemalen zu können, muß man um einiges versierter sein. Auch hier sollte eine gute Grundierung am Anfang stehen. Es empfiehlt sich, zuerst das Pferd zu bemalen. Mit Mischfarben lassen sich Licht- und Schatteneffekte erzielen. Ein Rappe ist beispielsweise nicht rein schwarz, sondern dunkelgrau-schwarz mit etwas Blau zu malen. Weitere aufschlußreiche Hinweise gibt Alexander von Passavant in seinem Aufsatz *Pferdchen malen* (1976).

Herstellung von Zinnfiguren

Immer wieder hört man von Sammlern, die selbst zum Pinsel greifen, die Klage, die Bemalung von Pferdefiguren sei besonders schwierig. Dabei gibt es eine fast unerschöpfliche Menge sehr guter Vorlagen, nach denen heutzutage jeder Sammler mit etwas Talent eine Pferdefigur richtig bemalen kann. Wer ein Miniaturkunstwerk gestalten will, dem sei hier nach Passavant gezeigt, wie Braune, Füchse, Schimmel, Rappen, Falben, Isabellen, Schecken und Tiger zu bemalen sind.

Braune: Zu beachten ist, daß sie schwarzes Langhaar (Mähne und Schweif) haben und die Füße bis über das Kniegelenk schwarz sind. Zur Bemalung verwendet man hauptsächlich gebrannte Siena, für Schwarzbraune mit Zusatz von Vandyckbraun oder gebrannter Umbra. Glanzstellen und Lichtreflexe werden mit Weiß hervorgehoben, das mit etwas Violett gemischt ist. Bei der Bemalung beginnt man an der Hinterbacke des Pferdes mit einem ziemlich reinen Orange und geht allmählich nach oben und unten bis zum Kniegelenk in einen braunen, ab Kniegelenk bis zu den Hufen in einen schwarzen Ton über. Den Kopf malt man etwas dunkler als den Hals. Das Pferdemaul ist in leichtem Grau gehalten. An der Stirn wird etwas weiße Blesse stehengelassen. Die Stirn-, Mähnen- und Schweifhaare malt man in Schwarz, vermischt mit einer Winzigkeit Ultramarinblau. Alle Farbtöne sollen weich ineinander übergehen, wozu ein flacher Pinsel das geeignete Werkzeug ist.

Füchse: Meist besitzen die Langhaare die Farbe des Deckhaares, sind jedoch nicht selten heller bis fast weiß. Abzeichen, vor allem große Blessen und weiße Fesseln oder Stiefel, sind bei ihnen sehr häufig. Man malt sie, je nach Nuance, mit gebrannter Siena oder gebranntem lichten Ocker unter Hinzunahme von Englisch- oder Indischrot sowie mit Zinnober.

Schimmel: Hierher gehören eine ganze Reihe von Farbtönen, die ein Maler zu beachten hat. Zu Weiß können je nach dem gewünschten Ton Elfenbeinschwarz, Vandyckbraun, Umbra, Englischrot, gebrannte Siena oder lichter Ocker hinzukommen. Die Schatten malt man mit Umbra und Violett oder auch Dunkelgrau mit Violett. Die Hufe sind weißgelblich, die Nüstern und das Maul oft rosafleischfarben. Bei allen Schimmeln ist darauf zu achten, die Oberseite des Pferdes möglichst hell, die Unterseite aber dunkel zu halten. Nur so wirken die Pferde rund und nicht einfach weiß angestrichen wie sonst oft bei Zinnfigurenbemalungen.

Rappen: Man malt Rappen, die oft auch weiße Abzeichen tragen, in

Elfenbeinschwarz, das mit Weiß oder Ultramarin aufgehellt wird. So können die Schatten in reinem Schwarz gehalten werden. Lichter dagegen setzt man mehr oder weniger dunkelgrau mit etwas Violett.

Falben und Isabellen: Pferde mit gelbem Fell unterscheidet man in Falben und Isabellen, die etwas heller sind. Weisen Füße und Fell eines Tieres dieselbe Farbe auf, so sind Mähne, Schweif und Stirnhaare ebenso gefärbt oder aber weiß. Es gibt auch Tiere, deren Füße, Mähne, Schweif und Stirnhaare grau bis fast schwarz sind. Für die Falben verwendet man am besten lichten Ocker unter Zusatz von ganz wenig Cadmiumgelb hell.

Schecken und Tiger: Hier ist die Grundfarbe immer weiß. Darauf setzt man die dunklen Flecken. Oft überwiegen große, unregelmäßige, dunkle Platten. Schecken zu malen, erfordert gründliche Naturbeobachtung, da sonst leicht der Eindruck einer »Kuh« entstehen kann. Das Tigerpferd ist ein Schecke, nur sind die Flecken klein und rund und stehen dicht beieinander.

Aufstellung der Schlacht bei Raphia (217 v. Chr.)

Vgl. Abb. 94a und 94b

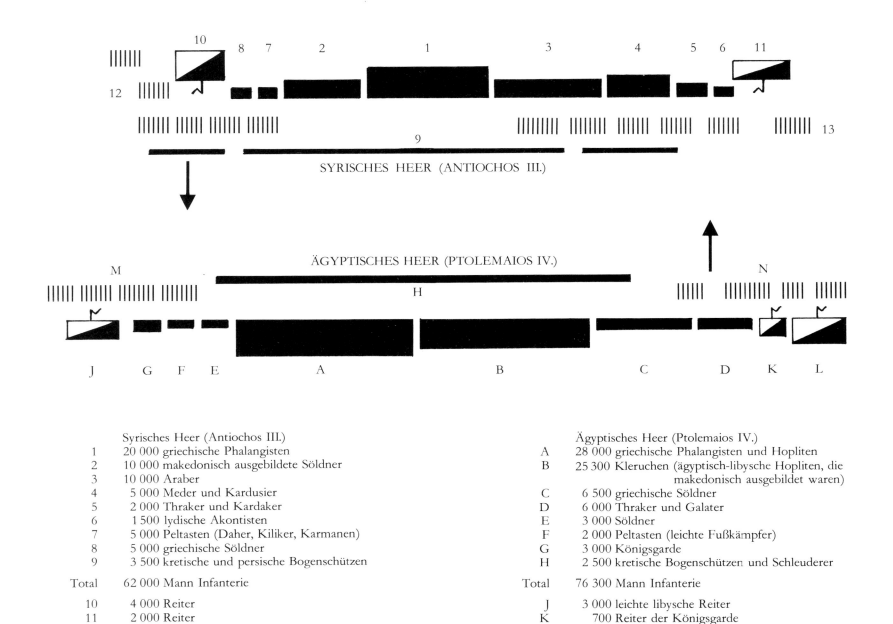

	Syrisches Heer (Antiochos III.)		Ägyptisches Heer (Ptolemaios IV.)
1	20 000 griechische Phalangisten	A	28 000 griechische Phalangisten und Hopliten
2	10 000 makedonisch ausgebildete Söldner	B	25 300 Kleruchen (ägyptisch-libysche Hopliten, die makedonisch ausgebildet waren)
3	10 000 Araber	C	6 500 griechische Söldner
4	5 000 Meder und Kardusier	D	6 000 Thraker und Galater
5	2 000 Thraker und Kardaker	E	3 000 Söldner
6	1 500 lydische Akontisten	F	2 000 Peltasten (leichte Fußkämpfer)
7	5 000 Peltasten (Daher, Kiliker, Karmanen)	G	3 000 Königsgarde
8	5 000 griechische Söldner	H	2 500 kretische Bogenschützen und Schleuderer
9	3 500 kretische und persische Bogenschützen		
Total	62 000 Mann Infanterie	Total	76 300 Mann Infanterie
10	4 000 Reiter	J	3 000 leichte libysche Reiter
11	2 000 Reiter	K	700 Reiter der Königsgarde
12	60 Elefanten	L	2 000 schwere Reiter
13	60 Elefanten	M	44 Elefanten
		N	33 Elefanten

Aufstellung von Zinnfiguren

In den letzten Jahrzehnten brachten Offizinen und Privathersteller zahlreiche ausgezeichnete Zinnfigurenserien heraus. Mit ihnen lassen sich die wichtigsten Episoden der Weltgeschichte, aber auch die unterschiedlichsten kulturhistorischen Szenen wirklichkeitsnah und malerisch nachstellen.

Dennoch erscheinen jedes Jahr weitere Serien, denn das Thema ist unerschöpflich. Zu kritisieren ist allerdings das eher nutzlose Unternehmen, Serien herauszugeben, die mit nur geringfügigen Änderungen schon bestehende Typen nachahmen, wobei gelegentlich auch noch Fehler bei den Uniformen oder Waffen unbekümmert übernommen werden.

Will man seine Zinnfiguren aufstellen, ohne daß dies allzu große Mühe kostet, müssen sie sachgemäß gelagert sein.

Aufbewahrung und Lagerung

In Span- oder Kartonschachteln liegen die Zinnfiguren in mehreren Schichten übereinander. Erst wenn man alle Figuren herausgenommen hat, weiß man über den gesamten Inhalt der Schachtel Bescheid. Wer seine Sammlung gut und rasch überblicken will, ohne mit Auspacken Zeit zu verlieren, braucht Schachteln, die nur eine einzige Lage von Figuren aufweisen.

So gibt beispielsweise die »Figurina Helvetica« flache Schachteln aus grauem Karton von 38 cm Länge, 15,4 cm Breite und 1,5 cm Höhe heraus. Im Inneren befinden sich drei Stege von je 4,7 cm Breite und 37,7 cm Länge. Der Spielraum zwischen den einzelnen Stegen ist so bemessen, daß sich die Standplättchen der Figuren gut einstecken lassen. Gewisse Figuren, zum Beispiel säbelschwingende Reiter, Fahnen- oder Speerträger, ragen zwar über die Stegbreite hinaus, was jedoch bei geschickter Einordnung keine großen Schwierigkeiten bereitet. Damit die Figuren nicht verrutschen, kann zwischen die Stege ein harter Kartonstreifen gelegt werden.

Solche Schachteln fassen gewöhnlich 50 Fußer oder 30 Reiter. Für plastische Elemente wie Geschütze, Wagen, Häuser usw. sind Schachteln mit derselben Grundfläche vorgesehen, die jedoch 5 bzw. 11 cm hoch sind. Zur genauen Kennzeichnung des Inhalts lassen sich auf der Sichtseite der Schachteln verschiedenfarbige beschriftete Etiketten anbringen.

Aufstellung von Zinnfiguren

Dioramen

Viele Zinnfigurensammler stellen ihre Figuren nie auf. Sie lassen sie in den Schachteln und holen sie von Zeit zu Zeit zum Anschauen hervor. Man kann sie mit Briefmarkensammlern vergleichen.

Doch auch bescheidene Sammler wünschen, mitunter in ihrer Wohnung einige Figuren aufzustellen, selbst wenn es nur sehr wenige sind. Für jeden Zinnfigurenbesitzer ist es recht einfach, kleine und mittlere Dioramen zusammenzustellen. Dazu braucht er nicht unbedingt einen Hintergrund. Schon für eine einfache Parade muß er jedoch wissen, wo die Fahnen, die Offiziere, die Unteroffiziere und die Musikanten stehen. Für große militärische Dioramen sind gute Kenntnisse des Schlachtplanes und des Schlachtverlaufs, zudem außerordentlich viel Platz und Zeit vonnöten (vgl. Abb. 44).

Dioramen aufzustellen, bedeutet, geschichtliche Ereignisse zu einer in sich geschlossenen Komposition zu gestalten. Im Anschluß an dieses Kapitel sollen zwei praktische Beispiele zeigen, wie sich ein Zinnfigurensammler die historischen Fakten erarbeitet, ohne die er ein in jeder Hinsicht befriedigendes Diorama nicht aufzustellen vermag, und zu welchen Ergebnissen eine solche intensive Beschäftigung mit der Geschichte führen kann.

Dabei ist es gleichgültig, ob ein Diorama klein, mittelgroß, groß oder sehr groß ist. Je kleiner es allerdings ist, desto besser müssen die Figuren bemalt sein. Bei einem kleinen Diorama können zu den vorgesehenen Figuren weitere Nebenelemente hinzukommen. Ein bemalter Hintergrund ist jedoch nicht unbedingt nötig. Wie zahlreiche Abbildungen dieses Buches zeigen, wirkt bei einer Kleinaufstellung ein einfarbiger Hintergrund oft besser als ein gemalter, der möglicherweise die Bemalung der Figuren stört. Diese sollen auf jeden Fall im Mittelpunkt stehen, während plastische Gegenstände möglichst weit hinten anzuordnen sind.

Wie Paul Martin schon 1961 in *Der standhafte Zinnsoldat* festhielt, ist die Wirklichkeitsnähe vieler Dioramen erstaunlich. Hier verläßt die Zinnfigur den eigentlichen Spielzeugbereich und wird, wie dies bereits heute in vielen Museen der Fall ist, zum kulturgeschichtlich wertvollen Anschauungsmaterial für alle.

Dioramen lassen sich zum Beispiel in beleuchteten Ausstellungskästen vorführen. Wenn es sich um Aufstellungen handelt, die alle paar Monate wieder abgebrochen und durch neue Dioramen ersetzt werden, kann man die Figuren

Aufstellung von Zinnfiguren

auch auf Glas oder Holz setzen. In diesem Fall sieht man zwar die Fußbrettchen, aber dies ist der Wirkung kaum abträglich.

Für mittlere und größere Dioramen, die man längere Zeit stehen lassen will oder die man einmal aufbaut und nie wieder verändert, werden die Fußbrettchen überdeckt. Man kann dazu die ganze Aufstellung in Plastilin einbetten und die Fußbrettchen mit farbigem Plastilin überziehen. Dieses Material wird jedoch nach einigen Jahren steinhart, so daß man die Figuren nur noch mit einem Messer herausschneiden kann. Zudem greift es teilweise die Farben an. Hier ist also Vorsicht geboten, denn sonst hat man plötzlich nur noch Zinnsoldaten mit blanken Beinen.

Eine andere Möglichkeit besteht darin, die Figuren fest auf dem Untergrund aufzukleben und die Fußbrettchen wie auch das ganze Gelände mit Sand oder einem anderen ähnlichen Material zu bedecken.

Stellt man viele Figuren nur für kurze Zeit auf, um sie beispielsweise zu fotografieren, eignet sich dünner Meersand am besten. Die Figuren werden in den Sand gepreßt, bis die Fußplättchen verschwunden sind. Die gewünschte Farbtönung erzielt man mit feinem, körnigen Farbpulver, das man von oben über den Sand streut. Auf diese Weise kamen unter anderem die wirkungsvollen Fotos der Schlacht bei Murten zustande (vgl. Abb. 138-142).

Das Aufstellen von Dioramen ist eine schöpferische Tätigkeit, bei der jeder Sammler seiner Phantasie freien Lauf lassen kann. Es wird ihm die Möglichkeit geboten, etwas zu verwirklichen, das in gleicher Weise noch kein anderer gestaltet hat. Es gibt keine Dioramen, die völlig miteinander identisch sind. Selbst wenn man dies anstrebte, wäre es unmöglich.

Hauptsächlich bei kleinen Dioramen genügen die von einer Offizin erworbenen Figuren nicht mehr. Der Sammler möchte etwas Neues schaffen, das man nirgends kaufen kann. Mit einem Lötkolben läßt sich jede Figur leicht umändern und neu gestalten. Gliedmaßen und Waffen können entfernt oder hinzugefügt werden, und selbst ein Kenner dürfte dann Mühe haben zu bestimmen, aus welcher Offizin die umgearbeitete Figur ursprünglich stammte.

Für die Aufstellung der Schlacht bei Murten mit rund 10 000 Zinnfiguren fehlten mir solche von Toten und Verwundeten. Ich beschaffte sie mir, indem ich Figuren von Otto Gottstein entsprechend abänderte. So lagen denn im großen Diorama alte Assyrer und Babylonier einträchtig und unerkannt zusammen mit den gefallenen Burgundern und Eidgenossen auf dem Schlachtfeld.

Aufstellung von Zinnfiguren

Einige Produzenten ließen durch ihre Zeichner und Graveure Mehrzweckfiguren herstellen: Fußer mit mehr als je zwei Armen und Beinen, Pferde mit mehr als vier Beinen usw. Die überflüssigen Extremitäten oder auch Waffen mußten je nach Verwendungszweck weggeschnitten werden. Auch heute noch halte ich wenig von solchen Mehrzweckfiguren, wenn es sich nicht um kleine Umänderungen, zum Beispiel bei Langspieß und Hellebarde, handelt.

Die Zahl der Museen, die Zinnfiguren ausstellen, nimmt ständig zu. In gewöhnlich mittelgroßen Dioramen werden, oft schon seit vielen Jahren, Figuren von besonders hoher Qualität und mit schöner Bemalung gezeigt. Alle zwei Jahre fährt der Zinnfigurenfreund nach Kulmbach zur Zinnfigurenbörse und zur Plassenburg. Das Zinnfigurenmuseum auf der Plassenburg ist mit seinen mehr als 200 Dioramen eines der größten und schönsten, die bestehen. Gegen Ende des Zweiten Weltkrieges weitgehend zerstört, konnte es seither jedes Jahr seine Bestände an Dioramen erweitern. Sie ließen es zum Mekka der meisten Zinnfigurenfreunde werden (vgl. Abb. 47-49).

Bayerisches Armeemuseum, Ingolstadt

44 Siebenjähriger Krieg (1756–1763): Schlacht bei Leuthen (5. Dezember 1757). Großdiorama mit fast 17 000 Figuren, erstellt von Herbert M. von Klenze.

45 Ausschnitt aus dem Großdiorama der Schlacht bei Leuthen: Kavallerie im Antrab.

46 Ausschnitt aus dem Großdiorama der Schlacht bei Leuthen: Ein Geschützzug wird in Stellung gebracht.

Zinnfigurenmuseum Kulmbach-Plassenburg

47 Siebenjähriger Krieg (1756–1763): Schlacht bei Roßbach (5. November 1757). Großdiorama mit 7500 Figuren, erstellt von Kurt Becker, Kassel.

48 Krönung Karls VII. von Frankreich in Reims (1422), im Beisein der Johanna von Orléans.
Schaubild (Ausschnitt) von Nostitz-Wallwitz, Schwenningen.

49 Ständchen (um 1750).
Schaubild von Franz Beck, Kassel.

44

45

46

47

48

49

51

52

Zwei Beispiele aus der Geschichte

The Royal United Service Museum, Whitehall, London

Die Schlacht bei Hastings (14.10.1066)
(Abb. 50 und 121)
Der Normannenherzog Wilhelm der Eroberer (1027-1087), der Anspruch auf den englischen Königsthron erhob, verfügte über eine große berittene Streitmacht, die von Bogenschützen zu Fuß unterstützt wurde. Das Heer des englischen Königs Harold II. dagegen bestand neben wenigen Reitern hauptsächlich aus Fußtruppen, darunter die berühmten Steitaxtkämpfer. Nach der Landung der Normannen in Sussex kam es am 14. Oktober 1066 zur Schlacht bei Hastings. Den normannischen Reitern gelang es zunächst nicht, den Schildwall der Engländer zu durchbrechen. Doch mit einem Scheinrückzug konnte Wilhelm die englischen Truppen aus ihrer sicheren Stellung locken und vernichtend schlagen. Auch der englische König fiel, von einem Pfeil ins Auge getroffen. Wilhelm wurde am Weihnachtstag 1066 zum König von England gekrönt.

50 Schlacht bei Hastings: Tod von König Harold.
Ausschnitt aus einem Diorama mit Figuren von Gottstein.

51 Richard Löwenherz in der Schlacht bei Acre (1191).
Ausschnitt aus einem Diorama mit Figuren von Gottstein.

52 Königin Elisabeth I. von England besichtigt ihre Truppen und Schiffe in Tilbury (9. August 1588).
Ausschnitt aus einem Diorama mit Figuren von Gottstein.

Die Schlacht bei Issos (333 v. Chr.) (Vgl. Abb. 82)

Im Frühjahr 334 v. Chr. begann Alexander von Makedonien seinen Persienfeldzug. Mit 30000 Fußsoldaten und 5000 Reitern überquerte er den Hellespont, die Seestraße zwischen der Halbinsel Gallipoli und Kleinasien.

Am Granikos, einem kleinen Fluß zwischen Idagebirge und Marmarameer, stellte sich ihm eine persische Armee von 40000 Mann entgegen. In der darauffolgenden Schlacht verloren die Makedonen mit ihren Hilfstruppen lediglich 115 Krieger, die Perser dagegen rund 20000 Mann, d.h. die Hälfte ihres Heeres.

Während Alexander in Kleinasien weiter vorrückte, im Laufe des Jahres zahlreiche Städte besetzte und Kapitulationen entgegennahm, sammelte der Perserkönig Darius III. ein Heer von 600000 Soldaten. Als diese Armee bei Issos mit den makedonischen Truppen zusammentraf, hatte Alexander nicht mehr als 30000 Mann zur Verfügung.

Zunächst waren die feindlichen Heere über verschiedene Pässe des Amanosgebirges aneinander vorbeimarschiert, so daß die Schlacht — für die Perser sehr günstig — mit verkehrten Fronten stattfinden mußte.

Was sich nun im September 333 v. Chr. am Fuß des Taurusgebirges auf der schmalen Ebene zwischen dem Golf von Issos und den Bergen abspielte, war voller Überraschungen. Der verhängnisvolle Fehler Darius' III. bestand darin, sich mit seiner Streitmacht auf ein enges Gelände zu begeben, wo sich die zahlenmäßige Überlegenheit seiner Truppen nicht auswirken konnte. Wäre er ein echter Feldherr gewesen, so hätte er den Angriff Alexanders in der syrischen Ebene abgewartet, um den Feind dort mit seinen Reitern zu umfassen und zu vernichten.

Der Makedonenkönig wollte, vom Gebirge her kommend, die Küste entlang nach Syrien vorstoßen. Darius befand sich nun jedoch mit einem riesigen Heer in seinem Rücken und hatte ihm die Nachschub- und Rückzugsmöglichkeiten abgeschnitten. Alexander erkannte sofort den strategischen Nachteil, in den er plötzlich versetzt war. Die Perser konnten, selbst wenn sie geschlagen wurden, über die Amanospässe zurückweichen. Die Makedonen dagegen waren im Fall einer Niederlage, ja selbst, wenn die Schlacht unentschieden blieb, verloren.

Als Alexander den Kampf eröffnete, hatte er rechts und links seine Reiter und Bogenschützen, im Zentrum die Hopliten aufgestellt. Langsam, um nicht in

Zwei Beispiele aus der Geschichte

Unordnung zu geraten, bewegte sich die ein bis eineinhalb Kilometer breite Front vorwärts. Das Gros der Kavallerie unter der persönlichen Führung des makedonischen Königs war auf dem rechten Flügel. Als Alexander jedoch bemerkte, daß die persische Kavallerie hauptsächlich auf dem rechten Flügel des gegnerischen Heeres, d.h. in der Nähe des Meeres stand, sandte er die thessalischen Reiter, die er bei sich gehabt hatte, hinter seiner starken Phalanx vorbei, um den linken Flügel zu verstärken.

Wie schon am Granikos überquerte Alexander mit dem rechten Flügel, gedeckt durch Bogenschützen und Schleuderer, den zwischen den Fronten liegenden Fluß, den Pajas, rannte die feindliche Kavallerie über den Haufen und drängte den linken persischen Flügel ins Zentrum.

Auf ihrem rechten Flügel war dagegen die persische Reiterei bedeutend stärker als die durch die thessalischen Reiter verstärkte Kavallerie Alexanders. Zunächst überquerten die Perser den Fluß und brachten die Thessalier in arge Bedrängnis.

Bis zu diesem Zeitpunkt war die Lage ausgeglichen. Der Kampf stand sogar eher zugunsten der Perser. Würde die überlegene persische Kavallerie von der Meerseite her die makedonische Phalanx in der Flanke angegriffen haben, wären die Perser sicher Sieger geworden. Aber nichts dergleichen geschah.

Auch im Zentrum waren die persischen Truppen den makedonischen weit überlegen. Hätte Darius einen mutigen Entschluß gefaßt und das Kommando seiner Hopliten persönlich übernommen, so hätte er wohl das Schlachtenglück noch wenden können. Als er jedoch seinen linken Flügel geschlagen sah, gab er die Schlacht verloren und ergriff in seinem Kampfwagen die Flucht. Dabei ließ er seine Mutter, Ehefrau und Töchter schmählich im Stich. Sie gerieten in die Gefangenschaft Alexanders, der sie jedoch mit großer Ritterlichkeit behandelte, wie die griechischen Geschichtsschreiber noch viele Jahre später bezeugten.

Nach dem Sieg bei Issos ließ sich Alexander viel Zeit, um seine Herrschaft über Westasien zu festigen. Er wollte nicht nach Persien vorrücken, ohne vorher sichere Verkehrswege geschaffen zu haben. Ein persisches Friedensangebot nahm er jedoch nicht an. So kam es im Jahre 331 v. Chr. zu einer weiteren Schlacht, für die Darius ein noch größeres Heer, hauptsächlich aus seinen östlichen Provinzen, zusammengezogen hatte.

Perser, Meder, Syrier, Armenier, Kappadokier, Baktrier, Sogdier, Arachosier, Saker und Hindus, ausgerüstet mit Wurfspießen, Speeren und Schilden, unterstützt von einem starken Elefantenkorps und zahlreichen Sichelwagen, trafen bei

Zwei Beispiele aus der Geschichte

Gaugamela auf das Heer Alexanders, das etwa 40000 Fußsoldaten und 7000 Reiter umfaßte. Auch hier siegte der Makedonenkönig an der Spitze seiner Reiterei, und Darius ergriff die Flucht. Wenig später wurde er von seinen Feldherren ermordet. Alexander ließ ihn ehrenvoll in Persepolis bestatten. Persien wurde nun zu einer Provinz des makedonischen Weltreiches. Alexander richtete eine starke Garnison ein und marschierte weiter nach Indien.

Eine Schlacht wie jene bei Issos zeigt, daß auch ein an Kriegern bedeutend schwächeres Heer einer gewaltigen Übermacht trotzen und sie besiegen kann, sobald ein echter Feldherr seine Truppen zu begeistern vermag und ihnen als Vorbild vorangeht.

Die Schlacht bei Cannae (216 v. Chr.) (Vgl. Zeichnung S. 75)

Zu Beginn des Zweiten Punischen Krieges (218-201 v. Chr.) überschritt Hannibal mit seinen karthagischen Truppen, von Spanien her kommend, die Alpen und schlug die Römer zunächst am Tessin und an der Trebia, 217 am Trasimenischen See. Im folgenden Jahr kam es am 2. August in der Nähe von Cannae im süditalienischen Apulien zu einer großen Vernichtungsschlacht. Der Versuch der beiden römischen Konsuln Lucius Aemilius Paullus und Gaius Terentius Varro, Hannibal in offener Feldschlacht zu besiegen, nahm für die Römer ein schreckliches Ende.

Die Konsuln Paullus und Varro wechselten, wie schon andere Heerführer vor ihnen, täglich als Oberbefehlshaber ab. Am Tage der Schlacht hatte Varro die Führung inne. Aus heutiger Sicht erscheint dieser häufige Wechsel als besonderer Nachteil, da er nur Verwirrung stiften kann.

Die Schlachtaufstellung des karthagischen Heeres ist schon von römischen und griechischen Schriftstellern teilweise unrichtig wiedergegeben worden. Noch heute sieht man Zeichnungen, nach denen die karthagische Front einen Bogen, einen Halbmond oder einen Keil gebildet haben soll. Eine militärische Überlegung zeigt jedoch, daß dies unmöglich war. Denn eine solche Aufstellung hätte nur Sinn gehabt, wenn Hannibal einen Durchbruch durch die römischen Legionen geplant hätte. Dies war jedoch nicht der Fall.

Hannibal hatte ein Heer mit beweglicher Organisation geschaffen und eine neue Taktik entwickelt, die sich der starren Schlachtordnung der Römer, die meist

Zwei Beispiele aus der Geschichte

nur auf den Durchbruch ausgerichtet war, auf jeden Fall als überlegen erwies. Gegen die harte Disziplin der römischen Legionen, die zwar tapfer, doch nur in starrem Rahmen zu kämpfen gewohnt waren, stellte er sein Genie als Feldherr. Zudem wußten seine Unterführer selbständig zu handeln und zur rechten Zeit die nötigen Befehle zu erteilen.

Während die karthagischen Fußtruppen den Römern zahlenmäßig weit unterlegen waren, besaß Hannibal eine bedeutend stärkere Kavallerie mit Hasdrubal an der Spitze, einem der größten Reiterführer aller Zeiten. Hasdrubal hatte neben den Numidiern, unübertrefflichen, mit Bogen und Wurfspieß kämpfenden leichten Reitern, ein Kavalleriekorps schwer gepanzerter Lanzenreiter zur Verfügung, die zu einem alles vor sich niederwerfenden, geschlossenen Angriff geschult worden waren.

Gegen die Übermacht der römischen Legionen konnte Hannibal nur seine besser ausgebildeten und zahlenmäßig überlegenen Reiter einsetzen. Dies durfte jedoch nicht zu früh geschehen, damit die Römer sich nicht in ihre befestigten Lager zurückziehen konnten.

Terentius Varro, der den Ort der Schlacht bestimmte, soll in einer Rede die Überlegenheit der Römer hervorgehoben haben. Seine zahlenmäßig weit stärkeren, gut ausgerüsteten Legionen hatten die Aufgabe, in tiefen Gliedern gestaffelt die feindlichen Reihen zu durchbrechen und die Karthager auf diese Weise vernichtend zu schlagen. Die Einwände von Aemilius Paullus, der auf die Überlegenheit der karthagischen Kavallerie hinwies, schlug er in den Wind. Er war sicher, die Fußtruppen der Karthager schon besiegt zu haben, bevor die feindliche Kavallerie recht zum Einsatz kam.

Aufstellung und Schlachtverlauf illustrieren am besten die beigefügten Zeichnungen. Hannibal ordnete seine afrikanischen Truppen beidseitig zurückgestaffelt hinter seiner Phalanx an, die aus Galliern und Iberern bestand (Phase 1). So konnte er, wenn sich dies als nötig erweisen sollte, die Afrikaner zur Verstärkung und Unterstützung des Zentrums heranziehen.

Hannibals Grundidee war es jedoch, mit der Phalanx langsam und geordnet vor der Übermacht der römischen Legionen zurückzuweichen, so daß seine Afrikaner, sobald einmal die römische Reiterei in die Flucht getrieben war, auf der linken und rechten Seite vorrücken konnten, um den Feind in die Zange zu nehmen.

Hannibal selbst blieb bei seinen schwächsten Truppen, der Phalanx aus

Zwei Beispiele aus der Geschichte

Galliern und Iberern, da er wußte, daß sein Fußvolk dem Gegner unterlegen war. So wollte er ihm in persönlichem Einsatz zur Seite stehen.

Wie immer eröffnete das Geplänkel der Leichtbewaffneten vor der Front die eigentliche Schlacht. Kurz nach dem Aufprall der römischen Legionen auf die karthagische Phalanx schickte Hannibal seine Kavallerie des linken Flügels unter Hasdrubal zur Attacke vor (Phase 2). Im ersten Stoß wurden die römischen Reiter überrannt, teilweise niedergehauen und in die Flucht geschlagen, aber nicht weiter verfolgt.

Während nun die schweren Reiter unter Hasdrubal die römischen Legionen von hinten angriffen, schickte Hannibal ein weiteres Kontingent in den Rücken der bundesgenössischen römischen Reiterei, gegen die bis zu diesem Zeitpunkt die leichten numidischen Reiter keinen durchschlagenden Erfolg erzielen konnten. Durch eine große Übermacht von vorn und hinten bedrängt, ergriffen die bundesgenössischen Reiter die Flucht, wurden aber ebenfalls nicht weiter verfolgt.

Es ist schwer zu begreifen, warum die beiden römischen Reitereinheiten sich nicht wieder sammelten, um in einem konzentrierten Angriff von hinten die karthagische Kavallerie zu werfen. Der Schreck saß ihnen anscheinend so tief in den Gliedern, daß sie entweder weiterflohen oder sich in die befestigten Lager zurückzogen. Hasdrubal konnte nun seine ganze Reiterei von hinten gegen die römischen Legionen einsetzen.

Schon vor den Reiterkämpfen hatte das römische Fußvolk dank seiner zahlenmäßigen Überlegenheit die Truppen der Gallier und Iberer zurückgetrieben, doch nicht in die Flucht geschlagen. Trotz großer Verluste gingen Hannibals Soldaten langsam und geordnet zurück, da ihr vergötterter Feldherr mit ihnen kämpfte.

Der karthagische Reiterangriff von hinten brachte die vorwärtsdrängenden römischen Legionen zum Stillstand. Wohl konnten die karthagischen Reiter nicht in sie einbrechen. Der Hagel von Wurfspießen, Pfeilen und Schleuderkugeln jedoch, der auf die Phalanx der Römer prasselte, zwang die letzten Glieder, kehrt zu machen.

Die römische Infanterie war nämlich gewohnt, in geschlossener Phalanx vorzurücken, bis der Feind nachgab und wich. Sobald jedoch wie jetzt bei Cannae der Ruf ertönte: »Angriff von hinten«, mußten die letzten Glieder wenden. Dadurch hörte der vorwärtsdrängende Druck der Legionen auf, und die Phalanx geriet ins Stocken.

Zwei Beispiele aus der Geschichte

Die stark geschwächten Gallier und Iberer konnten nun wieder Fuß fassen, während die beiden zurückgestaffelten Kolonnen der Afrikaner zur Rechten und zur Linken vorrückten (Phase 3). Sie griffen die römischen Legionen von den Flanken her an und schlossen damit, gemeinsam mit den karthagischen Reitern, die Feinde vollständig ein. Die Römer wurden jetzt von allen Seiten zugleich angegriffen (Phase 4) und immer mehr zusammengedrückt. Kein in die Masse der Legionen geschleudertes Geschoß konnte fehlgehen. In stundenlangem Morden wurde fast das ganze römische Fußheer vernichtet. Nur wenige Römer wurden gefangen genommen, während es einem kleinen Teil gelang, sich in die befestigten Lager zurückzuziehen.

Die Römer verloren in dieser Schlacht 47000 Fußsoldaten und 2700 Reiter. Hannibal büßte, alles zusammengerechnet, etwa 8000 Mann ein, davon allein im Zentrum 4000 Gallier und 1500 Iberer. Es war ihm in dieser beispiellosen Schlacht gelungen, als der Schwächere den Stärkeren auf beiden Seiten zu umgehen und völlig einzuschließen. Sein Sieg brachte ihm zwar großen Ruhm ein, doch nützte er ihn in der Folge nicht richtig aus.

Cannae

1	Römische Legionen	74 000 Mann
2	Römische Reiter	3 000 Reiter
3	Bundesgenössische Reiter	3 000 Reiter
	Total:	80 000 Krieger
4	Gallier und Iberer	30 000 Mann
5	Afrikaner (Libyer)	5 000 Mann
6	Afrikaner (Libyer)	5 000 Mann
7	Schwere Reiter	6 000 Reiter
8	Leichte Reiter	4 000 Reiter
	Total:	50 000 Krieger

Einzelfiguren, Gruppen und Dioramen

Urzeit und Frühzeit

53 Urzeit: Saurier. Von links nach rechts hinten: Brontosaurus, Nothosaurus, Brachiosaurus, Stegosaurus.
Vorne: Theromorphen und Peteranodon. Die Saurierserie umfaßt insgesamt 23 Figuren.
(Fig.: Gottstein)

54 Steinzeit: Mammutjagd (8000 v.Chr.).
(Fig.: Scholtz)

55 Steinzeit: Steintransport (5000 v.Chr.).
(Fig.: Hinsch)

56 Steinzeit: Bärenjagd (5000 v.Chr.).
(Fig.: Hinsch)

57 Bronzezeit: Hütten mit Bronzeofen (3000 v.Chr.).
(Fig.: Hinsch)

Altertum

58 Sumer: Königshof (ca. 3000 v.Chr.).
(Fig.: Scholtz und Gottstein)

Kampfwagen im Altertum
(Abb. 59, 61 und 66)
Kampfwagen waren schon in der ersten Hälfte des 3. Jahrtausends v.Chr. bekannt. Dabei erwies sich der leichte, zweirädrige Kampfwagen, wie er seit 1600 v.Chr. in Ägypten, Kleinasien und Griechenland im Einsatz stand, als kriegstechnisch überlegen. In der Taktik des Kampfwageneinsatzes waren die kleinasiatischen Hethiter allen Nachbarvölkern weit voraus. Eine hethitische Wagenbesatzung bestand aus Fahrer, Krieger und Schildträger. Dagegen kämpften etwa die Ägypter meist nur mit zwei Mann pro Wagen und waren auf diese Weise schon rein zahlenmäßig unterlegen.

59 Sumer: Kampfwagen im Angriff (ca. 3000 v.Chr.).
(Fig.: Gottstein)

60 Hethiter-Hof: König mit Priesterin (ca. 1400 v.Chr.).
(Fig.: Gottstein)

61 Hethitische Kampfwagen (rechts) im Angriff gegen ägyptische Kampfwagen (ca. 1300 v.Chr.).
(Fig.: Ochel, Madlener, Gottstein)

62 Kreta: Morgentoilette im Minospalast (ca. 1500 v.Chr.).
(Fig.: Hafer/Neckel. B.: R. Scholtz. S.: R. Scholtz)

63 Kreta: Kultische Stierspiele (ca. 1500 v.Chr.).
(Fig.: Hafer. B.: Neckel)

64 Kreta: Kultische Stierspiele (ca. 1500 v.Chr.).
(Fig.: Hafer. B.: Neckel)

65 Kreta: Kultische Stierspiele (ca. 1500 v.Chr.).
(Fig.: Hafer. B.: Neckel)

66 Seevölker: Kampf- und Reisewagen (ca. 1400 v.Chr.).
(Fig.: Madlener)

67 Ägypten: Sphinx-Transport (ca. 1500 v.Chr.).
(Fig.: Vollrath)

68 Ägypten: Musik (ca. 1500 v.Chr.).
(Fig.: Madlener/Neckel)

69 Ägypten: Tribut der Syrer vor dem Pharao (ca. 1400 v.Chr.).
(Fig.: Madlener/Neckel. B.: Neckel)

70 Ägypten: Ausfahrt Nofretetes aus Tell el Amarna (1370 v.Chr.).
(Fig.: Madlener/Neckel. B.: Neckel)

71 Ägypten: Fischjagd auf dem Nil (ca. 1500 v.Chr.).
(Fig.: Neckel)

72 Ägypten: Vogeljagd auf dem Nil (ca. 1500 v.Chr.).
(Fig.: Hafer/Neckel)

73 Ägypten: Tut-Ench-Amon auf der Wildstierjagd (ca. 1350 v.Chr.).
(Fig.: Hafer)

74 Ägypten: Einbalsamierung (ca. 1350 v.Chr.).
(Fig.: Madlener/Neckel)

75 Kampf der Ägypter gegen die Assyrer. Rechts Ägypter, links Assyrer (ca. 1000 v.Chr.).
(Fig.: Gottstein und andere. B.: Neckel und andere)

76 Ägypten: Äthiopische Gesandtschaft vor dem Pharao (ca. 1200 v.Chr.).
(Fig.: Cortum. B.: Neckel)

77 Amazonen im Kampf (ca. 1200 v.Chr.).
(Fig.: Hafer. B.: Neckel)

78 Das Urteil des Paris. Von links nach rechts: Hera, Aphrodite, Hermes, Athene.
(Fig.: Neckel)

79 Trojanischer Krieg: Hölzernes Pferd und Krieger (1193–1184 v.Chr.).
(Fig.: Retter)

80 Odysseus und die Sirenen (ca. 1180 v.Chr.).
Odysseus ließ sich an den Mastbaum seines Schiffes binden, um den gefährlichen Gesang der Sirenen hören zu können, ohne ihm zu erliegen. Seine Begleiter verstopften sich ihre Ohren mit Wachs.
(Fig.: Retter. B.: Neckel)

81 Alexander der Große und Diogenes vor der Tonne (ca. 335 v.Chr.).
(Fig.: Retter. B.: Neckel)

82 Schlacht bei Issos: Flucht des Perserkönigs Darius III. vor Alexander dem Großen (333 v.Chr.).
(Fig.: Cortum. B.: Neckel)

83 Assyrien und Babylonien: Kampfwagen (ca. 1200 v.Chr.).
(Fig.: Gottstein)

84 Assyrien: Ein Sklavenmarkt (ca. 1200 v.Chr.).
(Fig.: Diverse)

85 Assyrien: Löwenjagd (ca. 1200 v.Chr.).
(Fig.: Cortum)

86 Skythisches Fußvolk im Kampf (ca. 800 v.Chr.).
(Fig.: Ochel)

87 Äthiopien: Fußer im Kampf (ca. 700 v.Chr.).
(Fig.: Gottstein)

Kriegselefanten im Altertum (ca. 350-150 v.Chr.)
(Abb. 88, 94a und b)
In den ersten Schlachten, in denen Kriegselefanten eingesetzt wurden, hatten sie die Aufgabe, die gegnerischen Fußtruppen direkt anzugreifen. Später dienten diese schweren Tiere hauptsächlich als Flankenschutz gegen die feindliche Reiterei. Der Einsatz von indischen oder afrikanischen Elefanten war dann besonders erfolgreich, wenn der Gegner die Tiere nicht kannte und von ihnen überrascht wurde. Eine Besatzung bestand gewöhnlich aus dem Mahout, dem Führer, und drei bis fünf Kriegern, die mit Bogen und Pfeilen, Wurflanzen, Schleudern, teilweise auch mit langen Spießen, ausgerüstet waren.

88 Äthiopien: Kriegselefanten (ca. 200 v.Chr.).
(Fig.: Ochel)

89 Etrurien: Reiter im Angriff (ca. 600 v.Chr.).
(Fig.: Ochel)

90 Griechenland: Heerführer (ca. 500 v.Chr.).
(Fig.: Ochel)

91 Griechenland: Bogenschützen (ca. 500 v.Chr.).
(Fig.: Ochel)

92 Ionien: Kampfwagen und Fußer im Angriff (ca. 400 v.Chr.).
(Fig.: Neckel und andere)

93 Tributzahlung der Römer an die Gallier nach der Niederlage an der Allia (387 v.Chr.).
Nach der Schlacht an der Allia, einem kleinen Fluß nördlich von Rom, drangen die Gallier auf ihrem Beutezug in der Hauptstadt ein. Gegen Zahlung von 1000 Pfund Gold erklärten sie sich zum Abzug bereit. Als die Römer über falsche Gewichte klagten, warf der Sennonenfürst Brennus, der die Gallier befehligte, mit den Worten »Wehe den Besiegten« (»Vae victis«) auch noch sein Schwert in die Waagschale.
(Fig.: Scholtz)

Die Schlacht bei Raphia (217 v.Chr.)
(Abb. 94a und b)
Während der Herrschaft von Ptolemaios IV. Philopator versuchte der syrische König Antiochos III. Ägypten zu erobern. Die Entscheidungsschlacht fand im Jahre 217 v.Chr. bei Raphia an der Mittelmeerküste statt. In dieser Schlacht standen sich zum ersten und einzigen Mal indische und afrikanische Kriegselefanten in großer Zahl gegenüber. Die Ägypter trugen den Sieg davon.

94a Schlacht bei Raphia (217 v.Chr.): Links: Indische Kriegselefanten (Antiochos von Syrien). Rechts: Afrikanische Kriegselefanten (Ptolemaios IV. von Ägypten).
(Fig.: Blum. B.: Neckel)

94b Schlacht bei Raphia (217 v.Chr.): Links: Indische Kriegselefanten (Antiochos von Syrien). Rechts: Afrikanische Kriegselefanten (Ptolemaios IV. von Ägypten).
(Fig.: Gottstein/Blum)

95 Persien: Bärenjagd (ca. 300 v.Chr.).
(Fig.: Cortum)

96 Karthago: Truppenführer (ca. 220 v.Chr.).
(Fig.: Gottstein und Ochel)

97 Links: Josef und die Frau des Potiphar (ca. 1250 v.Chr.). Rechts: Samson und Delila.
(Fig.: Hafer)

98 Tanz um das goldene Kalb, Moses ganz rechts (ca. 1200 v.Chr.).
(Fig.: Hafer)

99 Christi Geburt.
(Fig.: Diverse)

100 Golgatha.
(Fig.: Retter. B.: Neckel)

101 David und Goliath (ca. 990 v.Chr.).
(Fig.: Hafer)

102 Rom: Legionäre im Angriff (ca. 300 v.Chr.).
(Fig.: Mignot)

103 Rom: Feldherren und Truppenführer (ca. 200 v.Chr.).
(Fig.: Ochel und andere)

104 Rom: Belagerungsgeschütze (ca. 200 v.Chr.).
(Fig.: Ochel)

105 Cäsars Brückenschlag über den Rhein bei Neuwied (55 v.Chr.): Rammfloß.
(Fig.: Mignot, Ochel, Neckel und andere. S.: R. Scholtz)

106 Britannien: Fußvolk im Kampf gegen Cäsars Legionen (54 v.Chr.).
(Fig.: Gottstein. B.: Neckel)

107 Britannien: Kampfwagen im Angriff gegen Cäsars Legionen (54 v.Chr.).
(Fig.: Gottstein. B.: Neckel)

108 Cäsar (54 v.Chr.).
(Fig.: Mignot)

109 Cäsar und Cleopatra (48. v.Chr.).
(Fig.: Neckel)

110 Verschiedene Führer. Obere Reihe (von links nach rechts):
Ariovist, germanischer Heerführer (ca. 72 v.Chr.) – Inguiomerus, Cheruskerfürst (ca. 15 n.Chr.) – Alarich, König der Westgoten (ca. 490 n.Chr.)
Untere Reihe (von links nach rechts):
Totila, König der Ostgoten (ca. 542 n.Chr.) – Marbod, König der Markomannen und Hermann der Cherusker (ca. 9 n.Chr.).
(Fig.: Ochel)

Die Reiterheere der Hunnen (166 v. -453 n.Chr.)
(Abb. 111-115)
Das ostasiatische Nomadenvolk der Hunnen hatte im 2. Jahrhundert v.Chr. ein Reich in der Mongolei gegründet. Der Groß-Chan Maotun, ihr bedeutendster Führer vor Attila, schuf im Jahre 166 v.Chr. ein reguläres, in Regimenter und Schwadronen geordnetes Heer. Jedes Armeekorps zählte 10000 Mann. Die Hunnen kämpften ausnahmslos zu Pferd. Hauptwaffe war der große Bogen, daneben Schwert und Wurfspieß. Häufig bedienten sie sich auch einer mörderischen Geißel mit kurzem Stiel und Bleikugeln. Dank ihrer beweglichen Kampfweise waren die Hunnen jahrhundertelang dem Gegner im offenen Feld überlegen, bis sie auf den Katalaunischen Feldern (451 n.Chr.) zwischen Châlons und Troyes gegen die Westgoten und Römer unter Aetius eine erste Niederlage einstecken mußten.

111 Hunnen im Angriff. (ca. 450 n.Chr.).
(Fig.: Romund/Pohl. S.: R. Scholtz)

112 Hunnen im Angriff. (ca. 450 n.Chr.).
(Fig.: Romund/Pohl. S.: R. Scholtz)

113 Hunnen unter Attila (ca. 450 n.Chr.).
(Fig.: Romund/Pohl. S.: R. Scholtz)

114 Hunnen auf dem Marsch (ca. 450 n.Chr.).
(Fig.: Romund/Pohl. S.: R. Scholtz)

115 Hunnen auf dem Marsch (ca. 450 n.Chr.).
(Fig.: Romund/Pohl. S.: R. Scholtz)

116 Ost- und Westgoten (ca. 500 n.Chr.).
Rechts: Alarich, König der Westgoten.
Links: Totila, König der Ostgoten.
(Fig.: Ochel)

117 Ostgoten im Angriff (ca. 500 n.Chr.).
(Fig.: Ochel)

53

54

55

56

57

58

59

60

61

62

63

64

65

66

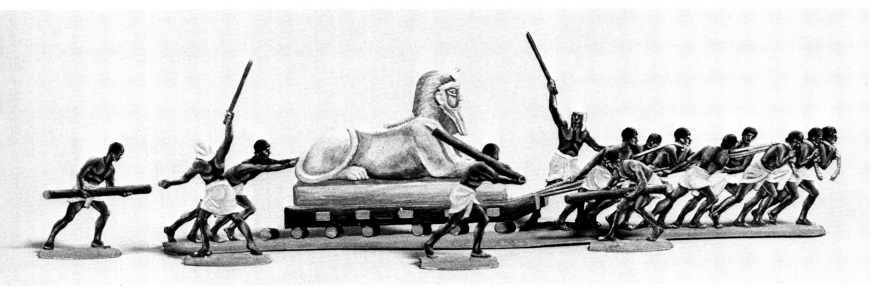
67

68

69

70

71

72

73

74

76

77

78

79

80

81

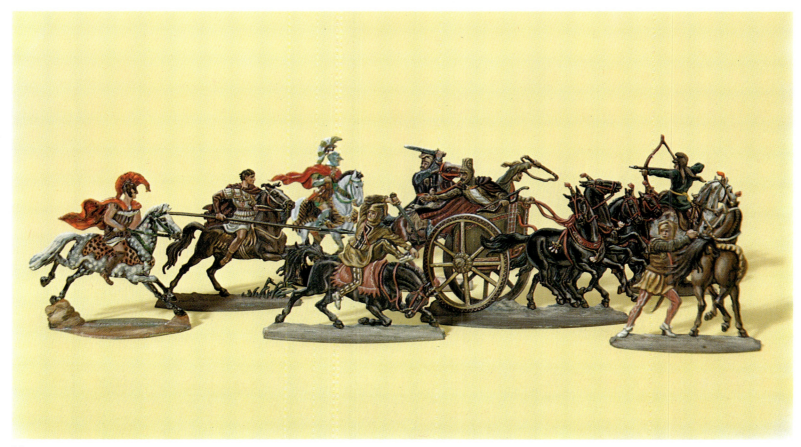
82

83

84

85

86

87

89

90

91

92

93

94b

95

96

97

98

99

101

102

103

104

106

107

108

109

110

111

112

113

114

115

116

117

Mittelalter

118 Karl der Große mit einigen Paladinen (ca. 780). Von links nach rechts: Karl der Große, Graf Roland, Geoffroi d'Anjou, Bannerherr des Königs, Graf Guy von Burgund.
(Fig.: Gottstein)

119 Gegner Karls des Großen (ca. 780). Von links nach rechts: König Dapamort von Wilzès, Sultan Baligant von Babylonien, König Marsedey von Berbien, König Canabeu von Floredée.
(Fig.: Gottstein)

120 Tausend und eine Nacht: Scheherezade, die Märchenerzählerin, mit Tänzerinnen (ca. 900).
(Fig.: Hafer und Madlener)

121 Schlacht bei Hastings (14. Oktober 1006): Normannische Reiter im Angriff
(Fig.: Gottstein)

122 Dschingis Chan: Mongolische Reiter in der Attacke (ca. 1200).
(Fig.: Lecke. S.: R. Scholtz)

123 Dschingis Chan: Mongolischer Reiter in der Attacke (ca. 1200).
(Fig.: Lecke. S.: R. Scholtz)

124 Dschingis Chan: Asiatische Reiter in der Attacke (ca. 1200).
(Fig.: Henniges)

125 Kreuzzüge: Ritter in der Attacke und im Anritt (ca. 1200).
(Fig.: Müller)

126 Kreuzzüge: Herzog Albrecht, der »wackere Schwabe«, im Kampf gegen die Sarazenen (ca. 1200).
(Fig.: Retter)

127 Kreuzzüge: Sarazenen im Angriff (ca. 1200).
(Fig.: Blum)

128 Schlacht bei Sempach (9.7.1386).
(Fig.: Heinrichsen. S.: Blum, Kollbrunner, Welti, Weilenmann)

129 Hundertjähriger Krieg (1340–1440): Schottische Bogenschützen und französische Ritter im Kampf.
(Fig.: Müller)

130 Hundertjähriger Krieg (1340–1440): Ritter.
(Fig.: Müller)

131 Hundertjähriger Krieg (1340–1440): Ritter.
(Fig.: Müller)

132 Raubritter überfallen einen Kaufmannszug (ca. 1400).
(Fig.: Winkelmüller)

133 Schlacht bei Tannenberg (15.7.1410): Deutsche Ordensritter im Anritt.
(Fig.: Müller)

134 Schlacht bei Tannenberg (15.7.1410): Deutsche Ordensritter in Reserve.
(Fig.: Müller)

135 Schlacht bei Tannenberg (15.7.1410): Polen und Litauer. Reiter im Angriff.
(Fig.: Müller)

136 Burgunder-Hochzeit (ca. 1470).
(Fig.: Winkelmüller und andere. B.: Winkelmüller)

137 Burgundersänfte (ca. 1470).
(Fig.: Plassenburg. B.: Neckel)

Die Schlacht bei Murten (22.6.1476)
(Abb. 138–142)
Die Schlacht bei Murten war für die heutige Gestalt Europas von größter Bedeutung. Bei einem Sieg Karls des Kühnen hätte das Reich des Herzogs von Burgund innert kurzer Zeit von der Nordsee bis zum Mittelmeer gereicht, und er wäre ein Anwärter auf die Kaiserkrone gewesen. Doch machten die Eidgenossen und ihre Verbündeten die Pläne des Burgunderherzogs zunichte.
Am 22. Juni 1476 standen in der Nähe von Murten den etwa 35000 Burgundern rund 30 300 Eidgenossen und Verbündete gegenüber, deren erklärte Absicht es war, den Gegner nicht nur zu schlagen, sondern zu vernichten; Gefangene sollten nicht gemacht werden. Schon bald entwickelte sich die Schlacht zu einer ungeheuren Metzelei. Die Burgunder wurden erbarmungslos totgeschlagen oder – wie dies mit den Lombarden im Lager des 2. Korps geschah – in den nahen Murtensee getrieben. Sie ließen mehr als 20 000 Tote auf dem Schlachtfeld, während die Eidgenossen etwa 1000 Mann verloren. Karl dem Kühnen gelang mit einigen Rittern die Flucht an den Genfersee.

138 Beobachtung der Eidgenossen am Waldrand.
(Fig.: Blum und andere. B.: Neckel)

139 Alarm im Burgunderlager des 3. Korps.
(Fig.: Blum und andere. B.: Neckel)

140 Hauptmacht der Eidgenossen (12 000 Mann) unter Hans Waldmann im Vormarsch.
(Fig.: Blum und andere. B.: Neckel und andere)

141 Eidgenossen im Lager des 2. Korps.
(Fig.: Blum und andere. B.: Neckel und andere)

142 Flucht Karl des Kühnen nach der Schlacht.
(Fig.: Kollbrunner und Blum. B.: Neckel)

143 Eidgenössische Armbrustschützen (1476).
(Fig.: Blum. B.: Neckel)

144 Adrian von Bubenberg, der Verteidiger von Murten.
(Fig.: Blum)

145 Eidgenössischer Armbrustschütze (1476).
(Fig.: Blum)

146 Eidgenössischer Krieger mit Halbarte (1476).
(Fig.: Blum)

147 Eidgenössischer Armbrustschütze zu Pferd (1476).
(Fig.: Blum)

Taktik der langen Spieße im Mittelalter (um 1450)
(Abb. 148)
Der lange Spieß, eine gefürchtete mittelalterliche Kriegswaffe, bestand aus einem dünnen, 4,80 bis 5,40 Meter langen Eschenschaft mit einer Spitze aus geschmiedetem Eisen. Dank der Elastizität des Eschenholzes splitterten diese Spieße selbst bei einer Attacke von gepanzerten Reitern nicht. Sie ermöglichten eine besondere Taktik: Um einen Gevierthaufen von bis zu 12000 Mann standen auf allen Seiten vier bis fünf Reihen Spießträger, die auf diese Weise einen »Igel« bilden konnten. In der Mitte befanden sich die Halbarten- und Mordaxtträger. Mit einer solchen Anordnung, in der vor allem die Eidgenossen in den Burgunderkriegen (1476/77) erfolgreich kämpften, war man jeder anders ausgerüsteten Fußtruppe weit überlegen.

148 Schlacht bei Murten (22. Juni 1476): Eidgenossen mit fünf Spießreihen kurz vor dem Angriff der feindlichen Reiterei.
(Fig.: Blum. B.: Neckel)

149 Ritter zu Pferd (ca. 1500).
(Fig.: Scholtz)

150 Deutschland: Kaiser Maximilian und sein Hof (ca. 1500).
(Fig.: Mohr und Plassenburg)

151 Turnier: Fahnenträger (ca. 1500).
(Fig.: Armont. B.: Neckel)

152 Turnier: Ein Ritter (ca. 1500).
(Fig.: Armont. B.: Neckel)

153 Turnier: Zwei Ritter (ca. 1500).
(Fig.: Armont. B.: Neckel)

154 Schneewittchen und die sieben Zwerge.
(Fig.: Retter)

155 Deutschland: Landsknechte in Reserve (ca. 1500).
(Fig.: Kiel)

156 Vatikan: Papst Julius II. besichtigt den Apoll von Belvedere (1505).
(Fig.: Winkelmüller)

157 Indien: Falkenjagd (ca. 1500–1800).
(Fig.: Hafer)

158 Deutschland: Fuggerzug (ca. 1510).
(Fig.: Neckel)

159 Herzog Ulrich von Württemberg vor dem Rotebühltor, Stuttgart (1513).
Herzog Ulrich von Württemberg war anfangs des 16. Jahrhunderts vom schwäbischen Städtebund vertrieben worden und lebte in der Verbannung auf seinem Schloß Mömpelgard (Montbéliard). 1513 erschien er überraschend vor Stuttgart, seiner Residenz, und begehrte am Rotebühltor Einlaß.
(Fig.: Neckel)

160 England: Heinrich VIII. (1509–1547)
(Fig.: Gottstein)

161 England: Hof von Heinrich VIII. (1509–1547).
(Fig.: Gottstein)

162 Hernando Cortez und die Unterwerfung der Azteken unter Montezuma (1521). Cortez mit Rittern zu Fuß.
(Fig.: Gottstein)

163 Peru: Begegnung von Francisco Pizarro mit Atahualpa, dem Herrscher der Inkas (1532).
(Fig.: Vollrath)

164 Mexiko: Azteken im Angriff (1521).
(Fig.: Kiel)

165 Mexiko: Azteken in Reserve (1521).
(Fig.: Kiel)

166 Dreißigjähriger Krieg (1618–1648): Feldherren, Truppenführer und Sänfte.
(Fig.: Müller)

167 Dreißigjähriger Krieg (1618–1648): Feldherren und Truppenführer.
(Fig.: Kiel)

168 Dreißigjähriger Krieg (1618–1648): Kaiserliche Pappenheim-Kürassiere in der Attacke. Eroberung einer schwedischen Fahne.
(Fig.: von Droste)

169 Dreißigjähriger Krieg (1618–1648): Gebet Gustav Adolfs vor der Schlacht bei Lützen, 16. November 1632.
(Fig.: Diverse)

170 Martin Luther auf der Fahrt zum Reichstag nach Worms (1521).
(Fig.: Frauendorf)

171 Deutschland: Markgraf Georg Friedrich von Kulmbach-Bayreuth mit seiner zweiten Gattin. Einzug in Kulmbach (1579).
(Fig.: Tagungsfigur Kulmbach 1959)

118

119

120

121

122

123

124

125

126

127

128

129

130

131

132

133

134

135

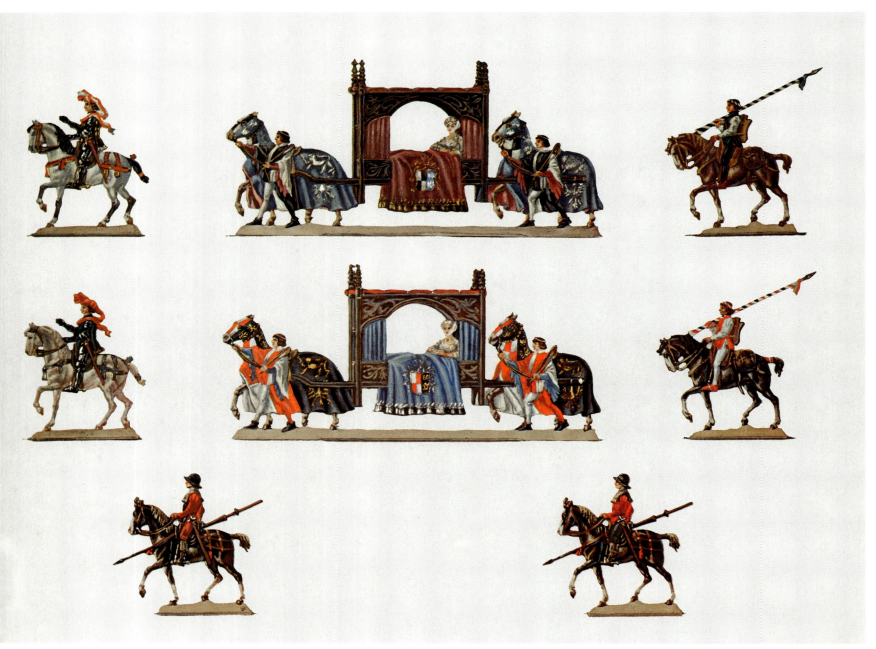

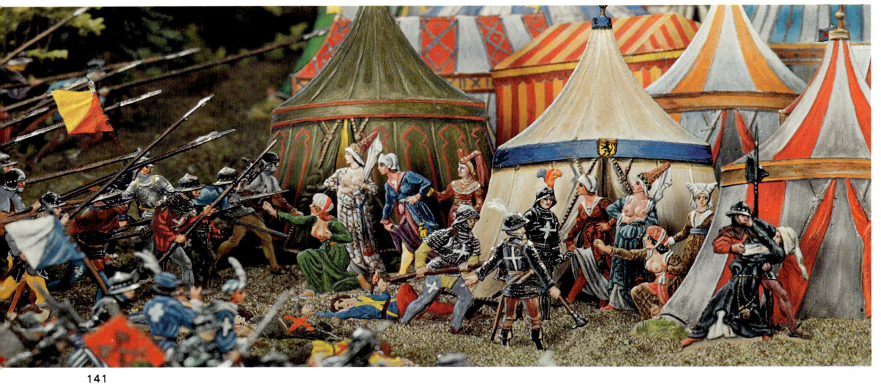
141

142

144

145

146

147

148

149

150

151

152

153

154

155

156

157

158

159

160

161

162

163

164

165

166

167

168

169

170

171

Neuzeit

172–173 Friedrich Wilhelm von Brandenburg, der Große Kurfürst, fährt über das vereiste Kurische und Frische Haff, bevor er bei Tilsit die Schweden besiegt (1678).
(Fig.: Scholtz. B.: Neckel)

174 Überführung des toten Königs Karl XII. von Schweden (1682–1718) nach dem vergeblichen Versuch, Norwegen zu erobern (1718).
(Fig.: Sivhed. B.: Neckel)

175 Indien: Tigerjagd (ca. 1650).
(Fig.: Retter)

176 Frankreich: Ludwig XIV. mit Stab zu Pferd (ca. 1670).
(Fig.: Keller und andere)

177 Henri de Latour d'Auvergne, Vicomte de Turenne, Marschall von Frankreich, im Niederländischen Krieg mit Gefolge (1674–1675).
(Fig.: Mignot)

178 Johann III. Sobieski, König von Polen, mit seinen Flügelhusaren (1674–1696).
(Fig.: Mignot)

179 Türkei: Kara Mustapha mit Gefolge (1676–1683).
Nachdem sich Kara Mustapha mit der Tochter Mohammeds IV. vermählt hatte, unternahm er als Großwesir 1682 einen Kriegszug gegen Kaiser Leopold I. und belagerte Wien vom Juli bis September 1683. Durch das Deutsch-Polnische Heer erlitt er am 12. September 1683 am Kahlenberg eine vernichtende Niederlage. Am 25. Dezember 1683 wurde er auf Befehl des Sultans in Belgrad erdrosselt.
(Fig.: Dihm, Kiel und andere)

180 Türkei: Janitscharen mit Schwert im Angriff (1680–1750).
(Fig.: Ochel)

181 Türkei: Lanzenreiter im Angriff (1680–1750).
(Fig.: Neckel und andere)

182 Alchimist Krohnemann in seinem Laboratorium auf der Plassenburg und Markgraf Christian Ernst mit Begleitung (1677–1686).
(Fig.: Zinnfigurenmuseum Kulmbach, Tilo Maier. B.: Rosmarie Kreutzinger. S.: Rosmarie Kreutzinger)

183 Österreich: Stab zu Pferd (1680–1750).
(Fig.: Diverse)

184 Kurfürst Max Emanuel von Bayern: Reiter und Fußer (ca. 1700).
(Fig.: Madlener/Neckel)

185 Kurfürst Max Emanuel von Bayern (1679–1726). Der »Blaue König« mit seinem Stab zu Pferd (ca. 1700).
(Fig.: Madlener/Neckel)

186 Kurfürst Max Emanuel von Bayern: Reisekutsche (ca. 1700).
(Fig.: Madlener/Neckel)

187–192 Für die Legenden s. S. 150.

193 Frankreich: Ludwig XV. Fahnen der Schweizer Regimenter in französischen Diensten (1737–1762).
(Fig.: Lelong. B.: Burkhalter. S.: Keller, jetzt Mäder)

194 Schweizerische Reiterei: Waadtländer Dragoner 1780. Freiburger Husaren 1804. Jäger zu Pferd, St. Gallen 1806.
(Fig.: Keller. Plastische Originalfiguren von Berdou. B.: Berdou. S.: Schweiz. Landesmuseum, Zürich)

195 Schweizerische Reiterei: Ehrengarde des Prinzen Alexander Berthier von Neuenburg 1806. Jäger der Helvetischen Republik zu Pferd 1800.
(Fig.: Keller. Plastische Originalfiguren von Berdou. B.: Berdou. S.: Schweiz. Landesmuseum, Zürich)

196 Preußen: Friedrich der Große (1712–1786) zu Pferd im Siebenjährigen Krieg (1756–1763).
(Fig.: Ochel)

197 Preußen: Friedrich der Große mit Stab zu Fuß im Siebenjährigen Krieg (1756–1763).
(Fig.: Scholtz)

198 Rokokomusik (ca. 1760).
(Fig.: Neckel)

199 Falkenjagd (ca. 1770).
(Fig.: Hafer)

200 Rokokoball (ca. 1760).
(Fig.: Neckel und Retter. B.: Rosmarie Kreutzinger. S. Rosmarie Kreutzinger)

201 Reiherbeize des Landgrafen Friedrich II. von Hessen-Kassel (1765).
Als Vorlagen für die Gravuren dienten die sechs großen Leinwandbilder im Schloß Fasanerie bei Fulda, auf denen der Hofmaler Johann Heinrich Tischbein d. Ä. (1722–1789) eine Reiherjagd darstellte.
(Fig.: Hafer, Madlener, Becker. B.: Rosmarie Kreutzinger. S.: Rosmarie Kreutzinger.

202 Ungarn: Grenadiere in Paradeformation (1740–1785).
(Fig.: Kiel)

203 Frankreich: Jäger zu Pferd (1795).
(Fig.: Kiel)

204 Napoleon Bonaparte als General und als Kaiser in verschiedenen Darstellungen.
(Fig.: Diverse. B.: Diverse)

205 Napoleon I. mit abgesessenem Generalstab (1804–1815). Obere Reihe: Murat, Prinz Eugen von Savoyen. Untere Reihe: Napoleon, Poniatowski.
(Fig.: Mignot. B.: Neckel)

206 Napoleon I. mit abgesessenem Generalstab (1804–1815). Obere Reihe: Bessières, Ney, Caulaincourt. Untere Reihe: Mortier, Berthier, Lejeune, Gourgaud.
(Fig.: Mignot. B.: Neckel)

207 Napoleon I. mit Generalstab zu Pferd (1804–1815).
(Fig.: Mignot)

208 Napoleon I. mit Generalstab zu Pferd (1804–1815).
(Fig.: Mignot)

209 Napoleon I.: Fahnenweihe (ca. 1807).
(Fig.: Diverse. B.: Neckel)

210 Trophäen von Austerlitz (2. Dezember 1805). Napoleon I. und General Rapp.
(Fig.: S. Maier. B.: Neckel)

211–212 Hochzeit Napoleons I. mit Marie-Louise von Österreich (1810).
(Fig.: Mignot. B.: Mignot)

213 Napoleon I.: Reisekutsche und Gardejäger zu Pferd (1804–1815).
(Fig.: Mignot)

214 Frankreich: Leichte Reiterei auf der Rast (1804–1815).
(Fig. Mignot)

215 Napoleon I.: Rückzug aus Rußland (1812). Kampf gegen die Wölfe. (Aufstellung in Zigarrenkistchen)
(Fig.: Scholtz)

216 Napoleon I.: Rückzug aus Rußland (1812). Angriff der Kosaken. (Aufstellung in Zigarrenkistchen)
(Fig.: Scholtz)

217–218 Rückzug der französischen Armee unter Napoleon I. über die Beresina (1812). (Ausschnitt aus einem Großdiorama von Richard Scholtz)
(Fig.: Mignot, Ochel, Neckel und andere. B.: R. Scholtz. S.: R. Scholtz)

219 England: Scotch-Greys in der Attacke (1810–1815).
(Fig.: Kiel und Bibel)

220 Schottland: Hochländer im Angriff (1810–1815).
(Fig.: Kiel)

221 Schlacht bei Waterloo oder Belle-Alliance (18. Juni 1815): Feldmarschall Wellington mit dem englischen Generalstab.
(Fig.: Diverse)

222 Schlacht bei Waterloo oder Belle-Alliance (18. Juni 1815): Begegnung von Wellington mit Blücher.
(Fig.: Kiel)

223 Preußen unter Friedrich Wilhelm III. (1806): Fahnenträger im Marsch. Infanterie-Regimenter.
Von links nach rechts:
Erste Reihe: 1. Graf Kunheim – 2. Rüchel – 3. Renouard – 4. Kalkreuth – 5. Kleist – 6. Grenadier-Garde-Bataillon. – 7. Owstien – 8. Ruits.
Zweite Reihe: 9. Schenk – 10. Wedell – 11. Schöning – 12. Herzog von Braunschweig-Oels – 13. Arnim – 14. Besser – 15. Garde – 16. Diericke.
(Fig.: Neckel. B.: Neckel)

224 Preußen unter Friedrich Wilhelm III. (1806): Fahnenträger im Marsch. Infanterie-Regimenter.
Von links nach rechts:
Erste Reihe: 17. Treskow – 18. Regiment des Königs – 19. Prinz von Oranien – 20. Prinz Louis Ferdinand – 21. Herzog von Braunschweig – 22. Pirch – 23. Winning – 24. Zenge.
Zweite Reihe: 25. Möllendorf – 26. Alt-Larisch – 27. Tschammer – 28. Malschitzki – 29. Treuenfels – 30. Borcke – 31. Kropff – 32. Fürst Hohenlohe.
(Fig.: Neckel. B.: Neckel)

225 Preußen unter Friedrich Wilhelm III. (1806): Fahnenträger im Marsch. Infanterie-Regimenter.
Von links nach rechts:
Erste Reihe: 33. Alvensleben – 34. Prinz Ferdinand von Preußen – 35. Prinz Heinrich von Preußen – 36. Puttkamer – 37. Tschepe – 38. Pelchrzim – 39. Zastrow – 40. Schimonsky.
Zweite Reihe: 41. Lettow – 42. Ploetz – 43. Strachwitz – 44. Hagken – 45. Zweiffel – 46. Thile – 47. Grawert – 48. Kurfürst von Hessen.
(Fig.: Neckel. B.: Neckel)

226 Preußen unter Friedrich Wilhelm III. (1806): Fahnenträger im Marsch. Infanterie-Regimenter.
Von links nach rechts:
Erste Reihe: 49. Müffling – 50. Sanitz – 51. Kauffberg – 52. Hamberger – 53. Jung-Larisch – 54. Natzmer – 55. Manstein – 56. Graf Tauentzien.
Zweite Reihe: 57. Grevenitz – 58. Coubière – 59. Graf Wartensleben – Zusätzlich die Leibfahnen für die Regimenter 1 bis 5.
(Fig.: Neckel. B.: Neckel)

172

173

174

175

176

177

178

179

180

181

183

184

185

186

187 Frankreich: Ludwig XV. Fahnenträger im Marsch (1737–1762).
Von links nach rechts (Regiment = Rgt.):
Erste Reihe: 1. Picardie – 2. Champagne – 3. Navarra – 4. Piemont – 5. Normandie – 6. La Marine – 7. Rgt. (kleines altes Korps).
Zweite Reihe: 8. Bourbonnais – 9. Auvergne – 10. Rgt. (kleines altes Korps) – 11. Rgt. (kleines altes Korps) – 12. Rgt. des Königs – 13. Königliches Rgt. – 14. Poitou.
Dritte Reihe: 15. Lyon – 16. Rgt. des Dauphins – 17. Rgt. – 18. Touraine – 19. Anjou, Aquitanien – 20. Rgt. – 21. Rgt. (früheres Ausländer-Regiment).
Vierte Reihe: 22. Rgt. (frühere Lütticher Truppen) – 23. Rgt. – 24. La Reine – 25. Limousin – 26. Kgl. Schiffsregiment – 27. Orléans – 28. La Couronne.
(Fig.: Neckel. B.: Neckel)

188 Frankreich: Ludwig XV. Fahnenträger im Marsch (1737–1762).
Von links nach rechts:
Erste Reihe: 29. Bretagne – 30. Perche – 31. Artois – 32. Rgt. (früheres schwedisches Rgt. von Marschall Gassion) – 33. Regiment – 34. Saarländisches Rgt. – 35. Rgt. (früheres Rgt. von Mazarin).
Zweite Reihe: 37. Kgl. Roussillon – 38. Condé – 39. Bourbon – 40. Rgt. (Grenadierkorps von Frankreich) – 41. Beauvoisis – 42. Rouergue – 43. Burgund.
Dritte Reihe: Kgl. Marine – 45. Vermandois (früheres Rgt. des Admirals) – 53. Languedoc – 47. Rgt. (Kgl. Artillerie) 54. Rgt. – 56. Rgt., Medoc – 57. Rgt.
Vierte Reihe: 58. Rgt., Vexin – 59. Kgl. Comtois – 60. Rgt. – Beaujolais – 61. Provence – 64 Penthièvre – 65. Boulonnais – 66. Angoumois.
(Fig.: Neckel. B.: Neckel)

189 Frankreich: Ludwig XV. Fahnenträger im Marsch (1737–1762).
Von links nach rechts:
Erste Reihe: 67. Périgord – 68. Saintonge – 69. Forez – 70. Cambrésis – 71. Tournaisis – 72. Foix – 73. Quercy.
Zweite Reihe: 74. Nivernais – 81. Chartres – 82. Conti – 85. Enghien – 64. Rgt. – 62. Rgt. – 65. Rgt., Nizza.
Dritte Reihe: 68. Guyenne – 69. Lothringen – 70. Flandern – 71. Berry – 72. Béarn – 73. Hainaut – 78. Bigorre.
Vierte Reihe: 83. Bresse – 84. La Marche – 87. Brie – 88. Soissonnais – 89. Isle de France – Ohne Nr.: Vexin – Ohne Nr.: Aunis.
(Fig.: Neckel. B.: Neckel)

190 Frankreich: Ludwig XV. Fahnenträger im Marsch (1737–1762).
Von links nach rechts:
Erste Reihe: Beauce (1684) – Dauphiné (1684) – Vivarais (1684) – Luxemburg (1684) – Bassigny (1684) – Beaujolais (1685) – Ponthieu.
Zweite Reihe: 98. Rgt. – 99. Rgt. – 106. Rgt. – 108. Blaisois – 109. Gatinais – 111. Auxerrois – 112. Agénois.
Dritte Reihe: 113. Santerre – 114. Des Landes – Französische Milizen – Kgl. Grenadiere – Kgl. Lothringen – Kgl. Barrois – 49. Rgt. (im Kanton Bern und seinen Untertanengebieten ausgehoben).
Vierte Reihe: 50. Dreizehn Kantone – 51. Dreizehn Kantone – 52. Dreizehn Kantone – 55. Schwyz und dreizehn verbündete Kantone – 63. Dreizehn Kantone – 77. Dreizehn Kantone – 78. Dreizehn Kantone.
(Fig.: Neckel. B.: Neckel)

191 Frankreich: Ludwig XV. Fahnenträger im Marsch (1737–1762).
Von links nach rechts:
Erste Reihe: 87. Graubünden – 90. Zürich – 36. Elsaß – 46. Deutsches Rgt. – 66. Deutsches Rgt. – 80. Kgl. schwedisches (deutsches) Rgt. – 86. Kgl. Bayerisches Rgt.
Zweite Reihe: 89. Deutsches Rgt. – 92. Deutsches Rgt. – 91. Ardennen – 48. Kgl. Italienisches Rgt. – 93. Schweizer Rgt., Bistum Basel – 77. Irisches Rgt. – 78. Irisches Rgt.
Dritte Reihe: 79. Irisches Rgt. – 83. Irisches Rgt. – 84. Irisches Rgt. – Deutsches Rgt. des Grafen von Löwendahl – Deutsches Rgt. des Grafen von Saint-Germain – Deutsches Rgt. des Prinzen von Nassau-Saarbrücken – Sächsisches Rgt. – La Dauphine.
Vierte Reihe: Deutsches Rgt. des Barons von Bergh – Kgl. Schottisches Rgt. – Deutsches Rgt. – Kgl. Polnisches Rgt. – Schottisches Rgt. von Ogilvy – Irisches Rgt. von Lally Tollendal – Belgisches Rgt. – Wallonisches Rgt. – Schweizer Rgt. von Karrer.
(Fig.: Neckel. B.: Neckel)

192 Frankreich: Ludwig XV. Fahnenträger im Marsch (1737–1762).
Von links nach rechts:
Erste Reihe: Belgisch-wallonisches Rgt. des Herzogs von Boufflers – Kgl. Korsisches Rgt. – Lütticher Rgt. des Barons von Vierzet – Korsisches Rgt. von Buttafoco – Belgisches Rgt. des Grafen von Horion – Kgl. Volontäre – Flandrische Volontäre.
Zweite Reihe: Arkebusiere von Grassiu – Volontäre von Hainaut – Volontäre von Clermont – Volontäre von Soubise – Volontäre von Würmser – Volontäre der Dauphiné – Volontäre von Geschraye.
Dritte Reihe: Volontäre von Austrasie.
(Fig.: Neckel. B.: Neckel)

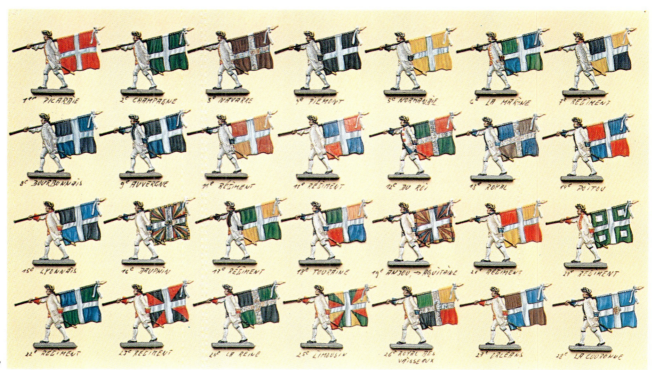

187

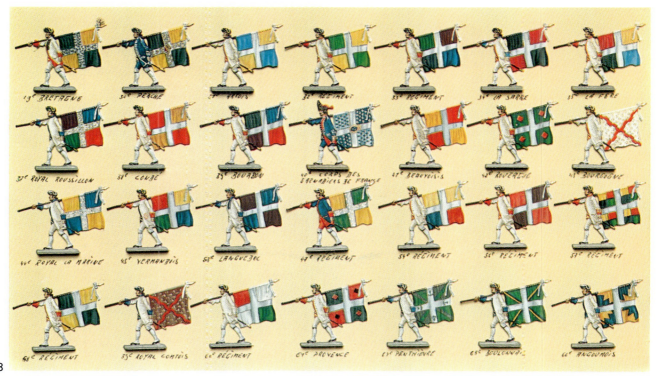

188

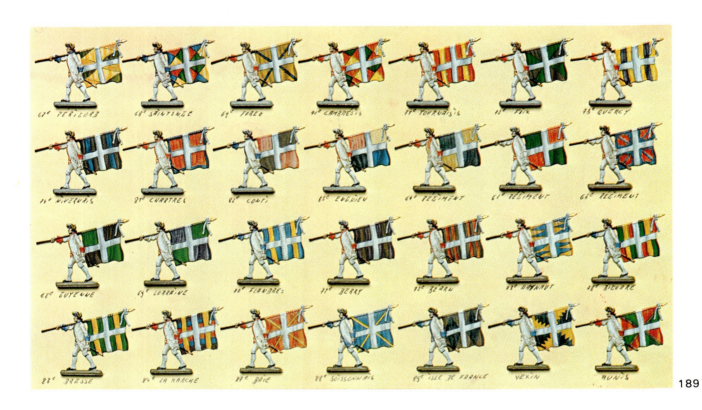

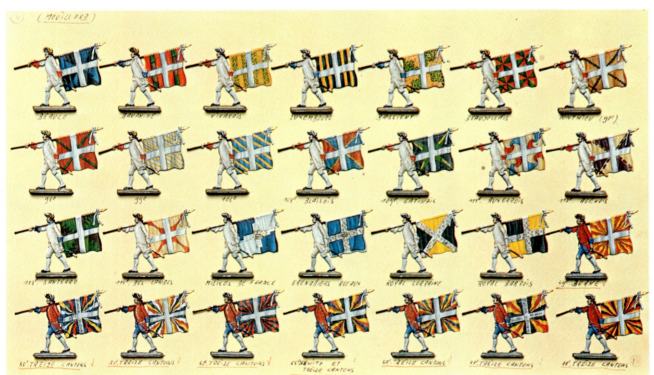

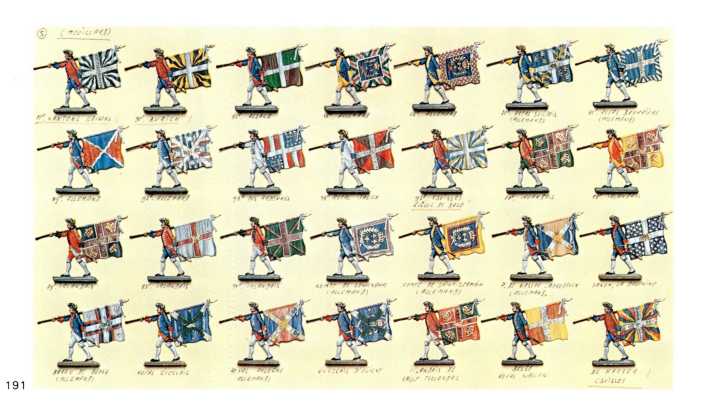

191

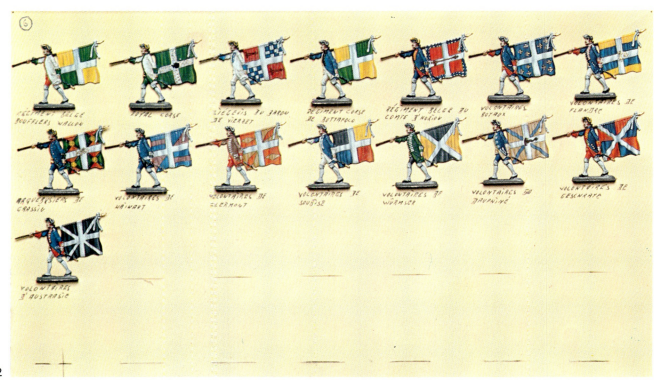

192

193

194

195

196

197

198

199

200

201

202

203

204

205

206

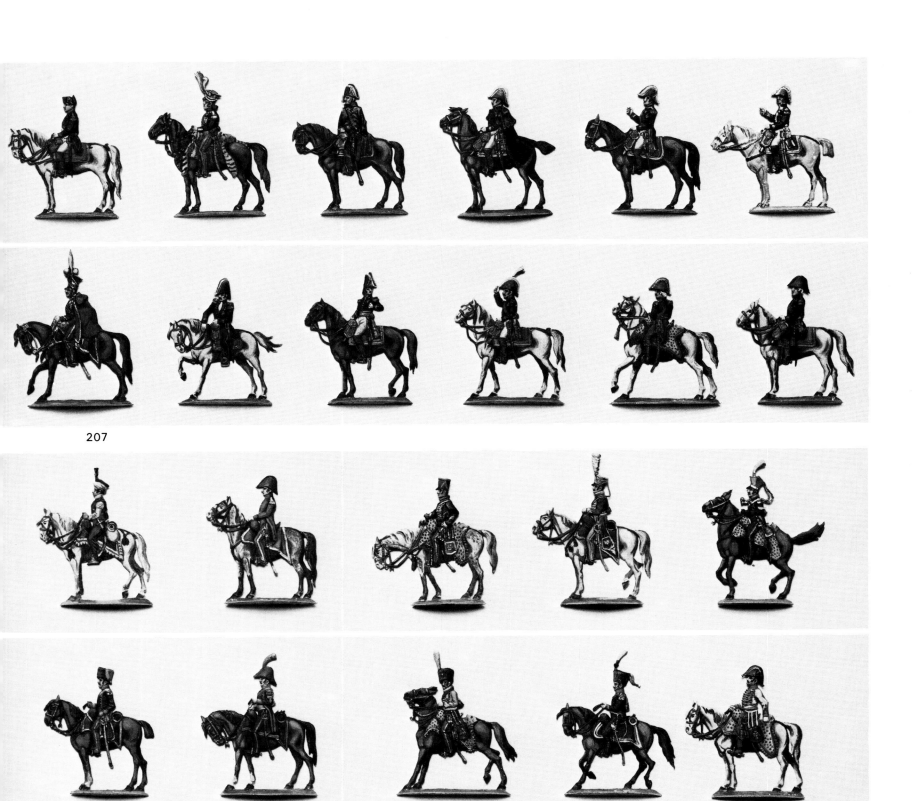

207

208

210

211

212

213

214

215

216

217

218

221

222

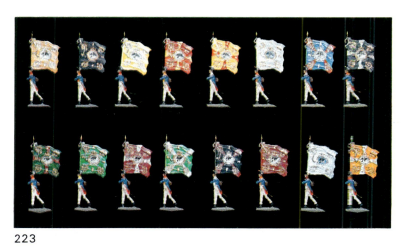
223

224

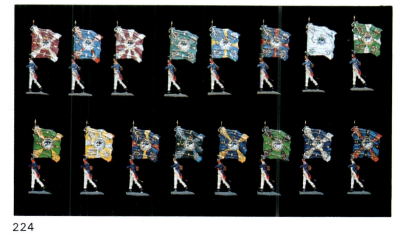

225

226

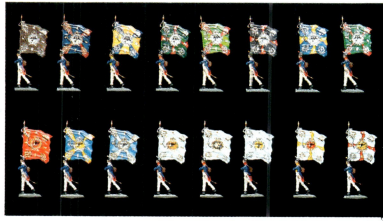

227

228

229

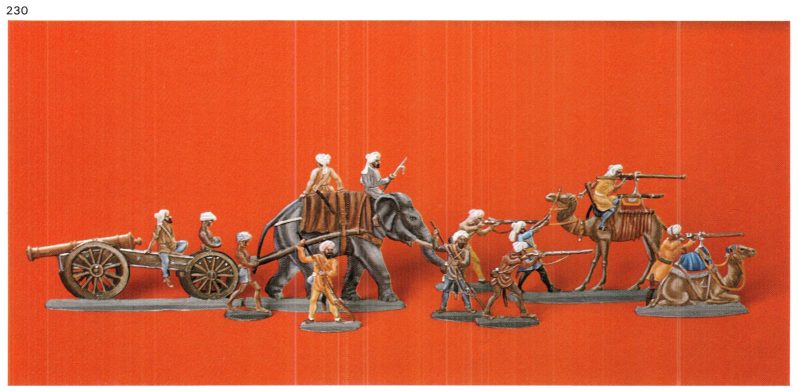

230

231

232

233

234

235

236

227 Indianer zu Pferd im Kampf (ca. 1800).
(Fig.: Neckel und andere)

228 Indianer auf der Bisonjagd (ca. 1800).
(Fig.: Loy)

229 Indischer Aufstand (1857): Kanoniere und Infanterie.
(Fig.: Lecke/Neckel. B.: Neckel)

230 Indischer Aufstand (1857): Artillerie.
(Fig.: Lecke/Neckel. B.: Neckel)

231 Frankreich/Algerien (1830–1847): Jäger zu Pferd in der Attacke.
(Fig.: Mignot)

232 Algerien (1830–1847): Algerische Reiter und Kamelreiter in der Attacke.
(Fig.: Mignot)

233 Nordamerika: Sezessionskrieg (1861–1864). Links Nordstaatler, rechts Südstaatler.
(Fig.: Neckel und Kiel. B.: Neckel)

234 Tod von General James Wolfe in Quebec (13. September 1759).
(Fig.: Gottstein. B.: Peternier. S.: Peternier)

235 Schweiz: Sonderbundskrieg (1847). Stab von General Dufour.
Von links nach rechts: Dufour, Scherrer, Folz, Frei-Herrosé, Großmann, Infanterie-Hauptmann.
(Fig.: Figurina Helvetica)

236 Hannover: Der (seit 1833) blinde König Georg V. mit Stab, auf der Seite Österreichs stehend (1866).
(Fig.: Ramm.)

237 Die englischen Könige und Königinnen von 1066 bis heute.
(Fig.: Gottstein; Elisabeth II.: Kollbrunner. B.: Denk; Elisabeth II.: Neckel)
Oberste Reihe (von links nach rechts):
1. William I. (1066–1087) – 2. William II. (1087–1100) – 3. Henry I. (1100–1135) – 4. Stephan (1135–1154) – 5. Matilda (1141 ?) – 6. Henry II. (1154–1189) – 7. Richard I. (1189–1199) – 8. John (1199–1216) – 9. Henry III. (1216–1272) – 10. Edward I. (1272–1307) – 11. Edward II. (1307–1327) – 12. Edward III. (1327–1377) – 13. Richard II. (1377–1399) – 14. Henry IV. (1399–1413)
Mittlere Reihe (von links nach rechts):
15. Henry V. (1413–1422) – 16. Henry VI. (1422–1461) – 17. Edward IV. (1461–1483) – 18. Edward V. (1483) – 19. Richard III. (1483–1485) – 20. Henry VII. (1485–1509) – 21. Henry VIII. (1509–1547) – 22. Edward VI. (1547–1553) – 23. Mary I. (1553–1558) – 24. Elisabeth I. (1558–1603) – 25. James I. (1603–1625) – 26. Charles I. (1625–1649) – 27. Charles II. (1660–1685) – 28. James II. (1685–1688) – 29. William III. (1689–1702)
Unterste Reihe (von links nach rechts):
30. Mary II. (1689–1694) – 31. Anne (1702–1714) – 32. George I. (1714–1727) – 33. George II. (1727–1760) – 34. George III. (1760–1820) – 35. George IV. (1820–1830) – 36. William IV. (1830–1837) – 37. Victoria (1837–1901) – 38. Edward VII. (1901–1910) – 39. George V. (1910–1936) – 40. Mary (1910–1936) – 41. Edward VIII. (1936) – 42. George VI. (1936–1952) – Elisabeth II. (seit 1952)

Neueste Zeit

Deutsch-Französischer Krieg (1870/71)

238 Preußen: Kronprinz Friedrich Karl mit Stab in Fröschweiler (6.8.1870).
(Fig.: Frauendorf)

239 Preußen: Garde-Füsiliere im Laufschritt (1870/71).
(Fig.: Neckel)

240 Preußen: Erstes Garde-Grenadier-Regiment im Gefechtsmarsch (1870/71).
(Fig.: Neckel)

241 Preußen: Ziethen-Husaren in der Attacke (1870/71).
(Fig.: Neckel und Kiel)

242 Preußen: 7. Kürassier-Regiment in der Attacke (1870/71).
(Fig.: Frauendorf)

243 Preußen: Garde-Feldartillerie im Feuer (1870/71).
(Fig.: Neckel)

244 Bayern: Infanterie im Vormarsch (1870/71).
(Fig.: Loy)

245 Bayern: Fuß-Artillerie im Galopp (1870/71).
(Fig.: Loy)

246 Württemberg: Infanterie im Sturm (1870/71).
(Fig.: Frauendorf)

247 Frankreich: Generalstab zu Pferd (1870/71).
(Fig.: Frauendorf)

248 Frankreich: Stab von General Bourbaki (1870/71).
(Fig.: Frauendorf)

249 Frankreich: Jäger im Sturmangriff (1870/71).
(Fig.: Neckel)

250 Frankreich: Verwundetenlager.
(Fig.: Diverse. B.: Neckel)

251 Frankreich: Infanterie im Angriff (1870/71).
(Fig.: Kiel und andere)

252 Frankreich: Päpstliche Zuaven im Vormarsch (1870/71).
(Fig.: Frauendorf)

253 Frankreich: Turkos im Feuer (1870/71).
(Fig.: Kiel)

254 Frankreich: Infanterie im Vormarsch (1870/71).
(Fig.: Kiel)

255 Frankreich: Garde-Lanciers in der Attacke (1870/71).
(Fig.: Kiel)

256 Frankreich: Berittene Gardejäger (1870/71).
(Fig.: Frauendorf)

257 Frankreich: Berittene Garde-Artillerie im Feuer (1870/71).
(Fig.: Hafer)

258 Frankreich: Berittene Garde-Artillerie. Gespanne und Protzen (1870/71).
(Fig.: Hafer)

259 Übertritt der Bourbaki-Armee auf Schweizerboden (1. Februar 1871). General

Herzog (Schweiz) und General Clinchant (Frankreich).
(Fig.: Peternier/Hafer. B.: Disch)

260 China: Boxeraufstand (1900). Links: Chinesen. Rechts: Deutsches Marine-Landungskorps und italienische Bersaglieri.
(Fig.: Grosch und andere. B.: Neckel)

261 Schlittenfahrt von König Ludwig II. von Bayern von Neuschwanstein nach Linderhof (ca. 1880).
(Fig.: Hafer. B.: Rosmarie Kreutzinger. S.: Rosmarie Kreutzinger)

262 Begrüßung der Generale Herzog und Clinchant beim Übertritt der Bourbaki-Armee in die Schweiz (1. Februar 1871).
(Fig.: Peternier/Hafer. S.: Peternier)

263 Deutsch-Südwestafrika: Aufstand der Herero (1904–1907). Kaiserliche Schutztruppe. Alarm.
(Fig.: Ochel, Neckel)

264 Deutschland: Grenadiere im Marsch durch eine Stadt (1913). »Wenn die Soldaten durch die Stadt marschieren.«
(Fig.: Retter)

Erster Weltkrieg (1914–1918)

265 Deutschland: Infanterie im Grabenkampf (1915).
(Fig.: Kiel und andere)

266 Deutschland: Infanterie im Kampf (1916).
(Fig.: Kiel und andere)

267 Italien: Bersaglieri im Angriff.
(Fig.: Bibel)

268 Italien: Kavallerie im Anritt.
(Fig.: Bibel)

269 Frankreich: Französischer Offizier und zwei englische Offiziere (ca. 1917).
(Fig.: Diverse)

270 Frankreich: Alpenjäger im Kampf.
(Fig.: Diverse)

271 Frankreich: Infanterie im Marsch (1916).
(Fig.: Neckel)

272 England: Infanterie im Angriff (1917/18).
(Fig.: Kiel und andere)

273 England: Inder im Feuer (1915/18).
(Fig.: Bibel)

274 England: Kavallerie im Anritt (1915).
(Fig.: Kiel)

275 England: Artillerie im Feuer (1915).
(Fig.: Bibel)

Zweiter Weltkrieg (1939–1945)

276 Deutschland: Fallschirmjäger im Kampf.
(Fig.: Neckel)

277 Deutschland: Gebirgsjäger im Marsch.
(Fig.: Neckel)

278 Deutschland: Rußlandfeldzug (1941). Infanterie mit Panzern im Vormarsch.
(Fig.: Retter)

279 Deutschland: Afrikakorps unter Rommel im Angriff (1941).
(Fig.: Neckel)

280 Deutschland: Afrikakorps unter Rommel im Vormarsch (1941).
(Fig.: Neckel)

281 Italien: Infanterie in Afrika im Kampf (1941).
(Fig.: Neckel)

282 Frankreich: Infanterie im Kampf (1940).
(Fig.: Neckel)

283 Frankreich: Artillerie im Feuer.
(Fig.: Neckel)

284 England: Infanterie im Kampf.
(Fig.: Neckel)

237

238

239

240

241

242

243

244

245

246

247

248

249

251

252

253

254

255

256

257

258

259

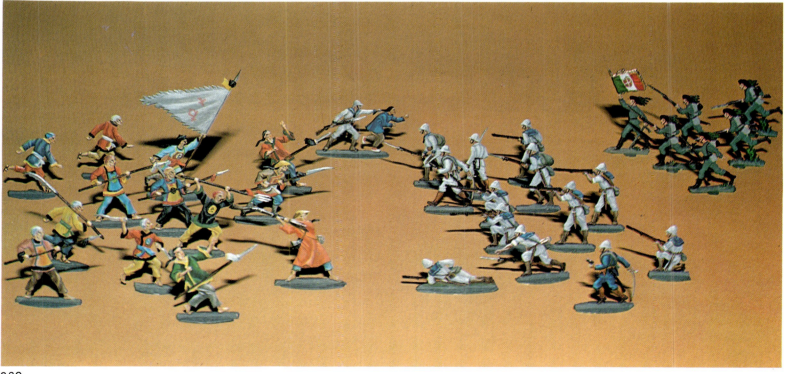

260

262

263

264

265

266

267

268

269

270

271

272

273

274

275

276

277

278

279

280

281

282

283

284

ANHANG

Ausstellungen von Zinnfiguren in Museen

John G. Garratt hat in seinem Buch *Model Soldiers* (1960) im Anhang eine umfangreiche Liste permanenter Ausstellungen veröffentlicht, in denen Zinnsoldaten besichtigt werden können. Hier ist, nach Ländern geordnet, eine kleine, doch gegenüber Garratt ergänzte Auswahl von Orten zusammengestellt, an denen öffentliche Zinnfigurensammlungen zu finden sind.

Belgien
Brüssel: Musée Royal de l'Armée

Deutschland
Aalen: Limesmuseum — Celle: Bomann-Museum — Hamburg: Museum für Hamburgische Geschichte, Zinnfigurenkabinett — Ingolstadt: Bayerisches Armeemuseum, Neues Schloß, Zinnfigurenturm — Krefeld: Kaiser-Wilhelm-Museum — Kulmbach: Deutsches Zinnfigurenmuseum Kulmbach-Plassenburg — München: Bayerisches Nationalmuseum — Nürnberg: Germanisches Nationalmuseum — Würzburg: Burggaststätte Festung Marienberg

Bischofswerda: Heimatmuseum — Eisenach: Thüringer Museum — Halle: Heimatmuseum — Leipzig: Stadtgeschichtliches Museum im Alten Rathaus — Pegau: Heimatmuseum — Plauen: Vogtländisches Kreismuseum — Schwerin: Staatliches Museum — Sondershausen: Kreis-, Heimat- und Schloßmuseum — Sonneberg: Deutsches Spielzeugmuseum — Weimar: Stadtmuseum — Zeulenroda: Städtisches Kunstgewerbe- und Heimatmuseum — Zittau: Stadtmuseum — Zwickau: Städtisches Museum

Frankreich
Compiègne: Musée de l'Armée — Paris: Musée de Cluny

Großbritannien
Aldershot: R.A.S.C. Museum — Beverley: East Yorkshire Regimental Museum, Victoria Barracks — Chester: Regimental Museum — Edinburgh: Scottish United Services Museum, Edinburgh Castle — London: Bethnal Green Museum;

Ausstellungen in Museen

British Museum; Imperial War Museum; London Museum; National Toy Museum; Royal United Service Institution, The Museum; Tower of London; Victoria & Albert Museum — Luton: Luton Museum & Art Gallery — Salisbury — York: Castle Museum

Italien
Mailand: Museo del Comune — Turin: Museo Civico

Norwegen
Ledaal (Stavanger) — Oslo: Norsk Folkemuseum

Österreich
Petronell: Donaumuseum Schloß Petronell — Pottenbrunn bei St. Pölten: Österreichisches Zinnfiguren-Museum

Schweden
Uppsala: Universitets Konsthistorika Institution

Schweiz
Aarau: Stadtmuseum »Schlößli« — Morges: Waadtländisches Armeemuseum — Zürich: Schweizerisches Landesmuseum

Spanien
Barcelona: Museo de Historia de la Ciudad; Museo de Industrias y Artes Populares del Pueblo Español — Madrid: Museo del Ejercito; Museo Naval — Pontevedra: Museo de Pontevedra

UdSSR
Leningrad: Staatliche Eremitage

USA
Detroit: Children's Museum — Washington, D.C.: Smithsonian Institution — West Point: Museum

Katalog der Zinnfigurengießer und -graveure

Mitte 18. Jahrhundert bis ca. 1900

von Peter M. Mäder

Theodor Hampe, der Kunstmaler Anton Klammroth und Joachim Ritter waren diejenigen, die sich zum ersten Mal intensiv mit der Geschichte der Zinnspielzeugfigur beschäftigt haben. In mühsamer und langjähriger Arbeit trugen sie Literatur und Zinnfiguren zusammen.

Diese Ergebnisse in einem Katalog zusammenzufassen und mit den Erkenntnissen aus der Fülle von Publikationen, die über die Zinnfigur in den letzten Jahren erschienen sind, zu ergänzen, wird auf den folgenden Seiten versucht. Der Katalog beschränkt sich auf die Angaben über die Personalien der Zinngießer, Herausgeber und Graveure, den Herstellungsort, die Zeit der Produktion, die Signatur auf den Figuren und die Literatur und Quellen, denen sie entnommen sind. Nicht berücksichtigt werden konnte eine Beschreibung der Figuren und Figurenserien, die von den aufgeführten Zinngießern und Graveuren im Verlauf von etwa 150 Jahren geschaffen wurden. Wie umfangreich eine Aufzählung all dieser Figuren ausfallen würde, zeigt uns das Beispiel der Produktion der Firma Heinrichsen in Nürnberg, die in drei Generationen einige tausend verschiedene Zinnfigurentypen geschaffen hat.

Natürlich kann eine solche Arbeit nie vollständig sein, da immer wieder neue Hersteller, Figuren und Signaturen entdeckt werden, vieles nicht zugewiesen werden kann und schon Bekanntes übersehen wird. Wenn aber dieser Katalog zur Erleichterung der weiteren Forschung beiträgt, hat er seinen Zweck erfüllt. Ich möchte es nicht unterlassen, A. R. Sulzer für seine große Hilfe bei der Zusammenstellung zu danken.

Zum Gebrauch des Katalogs

Im einzelnen enthält der Katalog folgende Angaben:
1. Personen- und Firmennamen. Offizinen mit demselben Namen werden durch römische, verschiedene Generationen einer Familie mit arabischen Ziffern voneinander unterschieden. Bei Brüdern derselben Generation kommen Kleinbuchstaben hinzu (z.B. 1a, 2b usw.).
2. Geburts- und Todesjahr, soweit bekannt; dazu weitere wichtige Lebensdaten, etwa das Jahr der Meisterprüfung.
3. Tätigkeit als Gießer und/oder als Graveur.

Katalog

4. Bezeichnung der Offizin.
5. Angaben zur Produktion, soweit bekannt: der Ort, in dem die Zinngießer oder Graveure wohnten oder produzierten, und die Zeit ihrer Tätigkeit.
6. Signaturen und Monogramme der Gießer und Graveure, wie sie meist auf den Standplättchen der Figuren erscheinen.
7. Literatur und Quellen, auf denen der Katalog aufbaut und die für weitere Angaben dienlich sein können.

Zitierte Literatur

ACHILLES 1974: Achilles, Walter: 1000 bunte Zinnfiguren, in: *Zeitschrift des Museums zu Hildesheim*, Heft 25, 1974

ACHILLES 1976: Achilles, Walter: *Die ältesten niedersächsischen Zinnfiguren des Meisters AN*, Braunschweig 1976

[BESTELMEIER] 1798: Bestelmeier, Georg Hieronymus: *Systematisches Verzeichnis eines Magazins* von verschiedenen Spiel-, Kunst- und andern nützlichen Sachen. Zu finden bei Georg Hieronymus Bestelmeier in Nürnberg, Nürnberg 1798

CARMAN 1973: Carman, W. Y.: *Model Soldiers*, London 1973

GARRATT 1960: Garratt, John G.: *Model Soldiers. A Collector's Guide*, London 1960, 2. Auflage 1971

GEBERT 1914/15: Gebert, Carl Friedrich: Der Zinngießer Hilpert in Nürnberg, in: *Mitteilungen aus dem Germanischen Nationalmuseum* 1914/15, S. 133ff.

HAMPE 1924: Hampe, Theodor: *Der Zinnsoldat — Ein deutsches Spielzeug*, Berlin 1924

[HEINRICHSEN] 1900: Heinrichsen, Ernst: *Preis- und Waren-Verzeichnis* Ernst Heinrichsen, Zinn-Kompositions-Figuren-Fabrik Nürnberg, o.O.u.J. [Nürnberg, um 1900]

KAISER/KEBBEL 1956: Kaiser, Paul und Harald Kebbel: *Zinnfiguren einst und jetzt*. Ein Führer durch die große Sonderschau 1956 in Weimar/DDR, Weimar 1956

KANT 1961: Kant, Hubert: *Alt-Wiener Spielzeugschachtel*. Wiener Spielzeug aus drei Jahrhunderten, Wien 1961

Katalog C.B.G. 1890: *Katalog* der Firma Cuperly, Blondeau und Gerbeau, Au plat d'étain. Jouets, Paris 1890

Katalog H. R. 1973: Helmbrecht, Bernhard und Johann Reischl (Hg.): *Geschichte der Firma Haffner*, Fürth/Nürnberg, München 1973 (Privatdruck)

KEBBEL 1978: Kebbel, Harald und Renate: *Bruckmann's Handbuch der Zinnfiguren*, München 1978

[KESSLER] 1870: *Preis-Courant* der Zinnspielwaren-Fabrik von L. Keßler & Sohn in Bernburg an der Saale, Bernburg 1870

LILL 1920: Lill, Georg: Nürnberger Zinnfiguren der Familie Hilpert, in: *Kunst und Handwerk*, Zeitschrift des Bayerischen Kunstgewerbe-Vereins München, 1920, S. 70ff.

Lübecker Ausstellungskatalog: *Der standhafte Zinnsoldat. Aus der Spielzeugkiste ins Museum*, Ausstellungskatalog des Museums für Kunst und Kulturgeschichte der Hansestadt Lübeck, Lübeck 1976

MAIS 1958: Mais, Adolf: Die Zinngießer Wiens, in: *Jahrbuch der Vereine für Geschichte der Stadt Wien*, Bd. 14, 1958

MARTIN 1965: Martin, Paul: Die alte Zinnfigur in Straßburg um 1750-1870, in: *Figurina Helvetica* 24 (1965), S. 42-50

MCKENZIE: McKenzie, Ian: *Collecting Old Toy Soldiers*, London 1975

MEYER-ZSCHOKKE 1916: Meyer-Zschokke, L.: Die Schweizer Zinnfiguren-Industrie, in: *Wegleitungen des Kunstgewerbemuseums der Stadt Zürich*, Nr. 12, 1916, S. 7ff.

OCHSENREITER 1976: Ochsenreiter, E.: *250 Jahre Weygang-Zinn, 1726-1976*, Öhringen 1976 (Privatdruck)

ONKEN 1976: Onken, Walter: *Zinnfiguren*, München 1976

ORTMANN 1973: Ortmann, Erwin: *Zinnfiguren einst und jetzt*, Zürich 1973

RATTELMÜLLER 1971: Rattelmüller, Paul Ernst: *Zinnfiguren — Die Welt in der Spanschachtel*, München 1971

[RIECHE] 1905: [Rieche, Gebrüder]: *Hauptkatalog* der Gebrüder Rieche, Fabrik Historischer Zinnsoldaten und Zinngießerei Hannover, Hannover 1905

SCHIRMER 1967: Schirmer, Friedrich: *Umgang mit Zinnfiguren*, Sonderheft »Die Zinnfigur«, 2. Auflage 1967

SCHÖTTLER [o.J.]: Schöttler, Ilse und Wolfgang: *Alte Verdener Handwerkskunst. Drei Generationen Zinngießer Engels*, Verden o.J.

SCHWEIZER 1930: Schweizer, Bruno: *Die Geschichte der Kleinzinngießerei in Dießen/A*, Dießen am Ammersee 1930

[SÖHLKE ca. 1868]: [Söhlke, G.]: *Illustrierter Catalog und Preis-Courant* des größten und wohlassortiertesten Lagers von Kinder-Spiel-Waaren der eigenen Fabriken zu Berlin und Petersdorf in Schlesien, sowie derjenigen Deutschlands, Frankreichs und Englands, G. Söhlke-Berlin o.J. [ca. 1868]

SPECOVIUS 1936: Specovius, R.: Die Zinngießerei Weygang in Göttingen. Die Zinnfiguren im Städtischen Museum zu Göttingen, in: *Göttinger Blätter* 1936, H. 2

SULZER 1971: Sulzer, A.: Einige Angaben und Bemerkungen zur Zinnfiguren-Herstellung in Aarau, in: *Figurina Helvetica* 30 (1971), S. 61ff.

SULZER 1972: Sulzer, A.: La fête des vignerons 1833. Festfiguren aus der Aarauer Offizin Gottschalk, in: *Figurina Helvetica* 31 (1972), S. 40ff.

[WEHRLI 1880]: [Wehrli, J. R.]: *Preisliste* der Zinnfigurenfirma J. R. Wehrli, Aarau, ca. 1880

WITTICHEN 1974: Wittichen, J.: *Celler Zinngießer*, Celle 1974

Figurina Helvetica, Mitteilungen der Schweizerischen Gesellschaft der Freunde der Zinnfigur, Zürich 1941ff.

Die Zinnfigur, Monatsschrift der deutschen Gesellschaft der Freunde und Sammler kulturhistorischer Zinnfiguren »Klio«, 1952ff.

Der standhafte Zinnsoldat, Monatsschrift für Zinnfigurensammler, hg. von E. Berking und J. Ritter, Hannover 1924-1943

Katalog

A., F.
Graveur
Signatur: »F.A.«, Gravur unbekannter Herkunft

Lit.: Hampe 1924, S. 94

Allgeyer: Drei Generationen (Vater-Sohn-Enkel)

1. Allgeyer, Johann Christian
Gießer und Graveur (?)
Fürth; vor 1800–1840

Lit.: Hampe 1924, S. 69; Der standhafte Zinnsoldat 1930, S. 3; 1933, S. 32; Rattelmüller 1971, S. 91ff.

2. Allgeyer, Johann Friedrich
1821–1876; Gießer und Graveur
Fürth; 1840–1876
Signatur: »Allgeyer«, ab 1840

Lit.: Vgl. Allgeyer 1

3. Allgeyer, Konrad
1843–1896; Gießer und Graveur
Fürth; 1876–1896. Die Gußformen sind verschollen.
Signatur: Vgl. Allgeyer 2

Lit.: Vgl. Allgeyer 1

Alter, Johann Adam
† 1788; Gießer
Nürnberg; ?–1788. Soll wie Hilpert »viele dergleichen Ware, von gewöhnlicher Art, verfertigt haben«.

Lit.: Hampe 1924, S. 57; Rattelmüller 1971, S. 71

[Altona]
Gießerei
Offizin: »Altona«
Hamburg; 19. Jh.

Lit.: Lübecker Ausstellungskatalog 1976, S. 16, Nr. 57; Onken 1976, S. 34

Ammon: Drei Generationen (Vater-Sohn-Enkel)

1. Ammon, Johann Wolfgang
Um 1770–1836; Gießer, Meister 1794
Offizin: Erste Erwähnung 1791
Nürnberg; 1791–1832

Lit.: Hampe 1924, S. 66–67; Der standhafte Zinnsoldat 1928, H. 1; 1930, H. 3; 1932, H. 5; 1933, S. 92; Rattelmüller 1971, S. 77–78; Ortmann 1973, S. 39; Onken 1976, S. 26

2. Ammon, Christoph
1812–1872; Gießer und Graveur, Meister 1836
Nürnberg; 1832–1872
Signatur: »C. A.«; »C. Ammon in Nürnberg«. E. Heinrichsen gravierte für Ammon: »E.H.«; »E Heinrichsen fecit«; »E. Heinrichsen graviert«.

Lit.: Vgl. Ammon 1

3. Ammon, Christian
1845–1921; Gießer und Graveur
Nürnberg; 1872–1921. Die Gußformen gingen an: R. Lauter, Fürth, und B. Schweizer, Ammersee/Dießen.
Signatur: Vgl. Ammon 2

Lit.: Vgl. Ammon 1

Bäselsöder, J. A.
Gießer
Nürnberg-Fürth; um 1870–?

Lit.: Hampe 1924, S. 92

Beck, Martin
1729–1805; Gießer
Aarau; vor 1800–1805; erste bekannte Zinnfigurengießerei in der Schweiz. J. W. Gottschalk heiratete die Tochter von M. Beck und übernahm 1805 die Firma.

Lit.: Vgl. J. W. Gottschalk, S. 210

Bergmann: Drei Generationen (Vater-Sohn-Enkel)

1. Bergmann, Anton Josef
Gießer
Straßburg; um 1800–1830

Lit.: Martin 1965; Die Zinnfigur 1962, H. 2; Rattelmüller 1971, S. 117–118

2. Bergmann, Karl Theodor
Gießer und Graveur
Straßburg; 1830–1858

Lit.: Vgl. Bergmann 1

3. Bergmann, Karl
Gießer
Straßburg; 1858–1904. Das Elsässische Museum besitzt noch 200 Gußformen dieser Offizin.

Lit.: Vgl. Bergmann 1

Besold: Zwei Generationen (Vater-Söhne)

1. Besold, Carl Ludwig F. A.
1808–1858; Gießer und Graveur, Meister 1830
Nürnberg; um 1830–1858
Signatur: »B«; »Besold, Nürnberg«

Lit.: Hampe 1924, S. 64, 70; Der standhafte Zinnsoldat 1928, S. 31; Rattelmüller 1971, S. 97; Katalog H. R. 1973; Onken 1976, S. 26

2. Besold, Johannes Andreas
1835–1893; Gießer und Graveur, Meister 1858
Nürnberg; 1858–1893. Die Gußformen übernahm 1898 Otto Bing, Inhaber der Firma »Johann Haffner's Nachfolger« in Nürnberg.
Signatur: Vgl. Besold 1

Lit.: Vgl. Besold 1

2a. Besold, Friedrich
Gießer
Nürnberg; ab 1877 eigene Zinngießerei in

Katalog

Fürth. F. Besold übernahm 1890 die Gußformen von K. Schildknecht in Fürth.

Lit.: Vgl. Besold 1

BESTELMEIER, GEORG HIERONYMUS
Offizin: Spielzeugmagazin von 1798–1807
Nürnberg; Herausgabe der ältesten Zinnfigurenverzeichnisse 1803–1807

Lit.: BESTELMEIER 1798; HAMPE 1924, S. 59; RATTELMÜLLER 1971, S. 6–7, 57

BISCHOFF, JOSEF
Gießer
Nürnberg; 19./20. Jh. (?), Erwähnung als Zinnspielzeugmacher in den Nürnberger Zinngießerbüchern

Lit.: HAMPE 1924, S. 92; Der standhafte Zinnsoldat 1933, S. 26

[BISCHOFSWERDA]
Gießerei
Bischofswerda (Stadt im Bezirk Dresden); um 1830–?

Lit.: KAISER/KEBBEL 1956, S. 12, 16; ORTMANN 1973, S. 82

BLONDEL ET FILS (und Sohn)
Gießer
Offizin: Bekannt unter der Firmenbezeichnung C.B.G., Cuperly, Blondel und Gerbeau
Paris; 1839–1851

Lit.: Katalog C.B.G., 1890; GARRATT 1960, S. 59, 216

BOECKER, AUGUST
Gießer und Graveur
Berlin; 1850–1870. 1873 wurden die Gußformen an J. C. Fraas, Breslau, und A. Meyerheine, Potsdam, verkauft.
Signatur: »A. Boecker Berlin«; weitere Signaturen bei Boecker sind: »Oettel«; »Benecke«; H. Wild gravierte für A. Boecker.

Quelle: Eine Type befindet sich in der Slg. A. R. Sulzer, Zürich.

Lit.: Der standhafte Zinnsoldat 1932, S. 97, 113; RATTELMÜLLER 1971, S. 113

BÖHLER, GOTTFRIED
Gießer
Berlin; 19. Jh. Die Zinngießerei G. A. Röders in Soltau übernahm die Gußformen G. Böhlers.

Lit.: Der standhafte Zinnsoldat 1928, S. 98; 1930, S. 136–137

BOLLMANN, J.
Gießer
Bremen; um 1860. F. Herbst, Bremen, übernahm das Geschäft 1866.

Lit.: Der standhafte Zinnsoldat 1933, S. 31

BÖRNIG, BERNHARD
*1850; Gießer
Offizin: »Spielwarenfabrik Börnig«
Braunschweig; 1880–1930. B. Börnig übernahm 1895 die Gußformen von Denecke, Braunschweig, und C. Wegmann, Braunschweig.

Lit.: HAMPE 1924, S. 82; Der standhafte Zinnsoldat 1928, S. 44, 77; 1933, S. 35; SCHIRMER 1967, S. 56; RATTELMÜLLER 1971, S. 111; ONKEN 1976, S. 31

BORST, VIKTOR FRIEDRICH
Gießer und Graveur
Straßburg; 1840–1858
Signatur: »Viktor Borst, Straßburg«

Lit.: Die Zinnfigur 1962, H. II; Figurina Helvetica 1965, S. 42–50

BRITAINS, WILLIAM
Gießer und Graveur
Offizin: »Britains Ltd.«
London; von 1883 bis in die Gegenwart

Lit.: GARRATT 1960, S. 216

BRUCK, CARL GOTTFRIED DANIEL
Gießer, Meister 1834
Freiberg i. Sa.; 1834–1866. Im Jahr 1866 übernahm Gustav Väterlein, der Stiefsohn von C. G. Bruck, die Firma.

Lit.: ORTMANN 1973, S. 58

BÜCHNER, —
Gießer
Rudolstadt; Produktionszeit: ?

Lit.: HAMPE 1924, S. 4; Der standhafte Zinnsoldat 1933, S. 26

VON BÜNAU, RUDOLF
Gießer
Reudnitz bei Leipzig; um 1850. R. von Bünau übernahm die Firma von J. Schündler.

Lit.: HAMPE 1924, S. 86; Der standhafte Zinnsoldat 1931, S. 77; 1932, S. 5; MCKENZIE 1975, S. 26–27

BUSCH, A.
Gießer
Hannover; um 1850

Lit.: HAMPE 1924, S. 92; Der standhafte Zinnsoldat 1933, S. 26; Lübecker Ausstellungskatalog 1976, S. 15, Nr. 40

BUWE, —
Graveur
Celle; um 1830. Buwe gravierte für Heine in Celle und J. G. Richter in Celle.
Signatur: »Buwe fecit«

Lit.: ACHILLES 1974, S. 20, Nr. 28; S. 24, Nr. 69; WITTICHEN 1974, S. 76

CUPERLY, —
Gießer
Offizin: Gegründet als Firma C.B.G., Cuperly, Blondel und Gerbeau
Paris; um 1850

Lit.: Katalog C.B.G., 1890; GARRATT 1960, S. 219, 259

DELACROIX, —
Gießer
Paris; um 1830

Lit.: GARRATT 1960, S. 56, 59, 216

DENECKE: ZWEI VERSCHIEDENE OFFIZINEN

I. DENECKE, —
Gießer
Braunschweig; um 1800–1820. 1820 verkaufte die Witwe das Geschäft an C. Wegmann, Braunschweig.

Lit.: HAMPE 1924, S. 82; RATTELMÜLLER 1971, S. 108

II. DENECKE: ZWEI GENERATIONEN (Vater-Sohn)

1. DENECKE, CHRISTIAN AUGUST WOLRATH
Gießer und Graveur (?)
Braunschweig; 1805–1842

Lit.: HAMPE 1924, S. 82; ACHILLES 1974, S. 24, Nr. 65.

2. DENECKE, WOLRATH
Gießer und Graveur
Braunschweig; 1842–1870. 1870 gingen die Gußformen an die Firma L. Link, Braunschweig, über.
Signatur: »W. D.«; »F. F.«, F. Fleegel gravierte für W. Denecke.

Lit.: HAMPE 1924, S. 82; Der standhafte Zinnsoldat 1928, S. 57; RATTELMÜLLER 1971, S. 108; ORTMANN 1973, S. 59; ONKEN 1976, S. 31

DEMONG, ERNST CARL
Gießer und Graveur
Hannover; 1830–1837. Von 1837–1844 führte die Witwe das Geschäft weiter.
Signatur: »C. E. Demong in Hannover«; »C. Schaper fec.«, C. Schaper gravierte für die Witwe Demong.

Lit.: ACHILLES 1974, S. 19, Nr. 23; ACHILLES 1976, S. 7

DÖRFLER, HANS
Gießer
Fürth; 1880–1940

Lit.: HAMPE 1924, S. 92; Der standhafte Zinnsoldat 1933, S. 26

DU BOIS/DUBOIS: ZWEI GENERATIONEN (Vater-Sohn)

1. DU BOIS/DUBOIS, JOHANN ERNST
Gießer und Graveur, Meister 1830
Hannover; 1830–1867. Von 1826–1828 arbeitete J. E. Du Bois als Graveur bei C. Wegmann, Braunschweig.
Für Du Bois arbeitete auch G. A. Röders als Graveur.
Signatur: »J. E. Du Bois«, die Signatur ist nur auf einer Serie nachgewiesen.

Lit.: HAMPE 1924, S. 78–79; Der standhafte Zinnsoldat 1928, S. 57; 1930, S. 2; 1933, S. 31; RATTELMÜLLER 1971, S. 102; ORTMANN 1973, S. 58–59; ACHILLES 1974, S. 17, 19, 23; ACHILLES 1976, S. 7

2. DU BOIS/DUBOIS, ERNST CONRAD
Gießer und Graveur (?)
Hannover; 1867 bis um 1900
Signatur: Vgl. Du Bois 1

Lit.: Vgl. Du Bois 1

E., L.
Gießer und Graveur
Offizin: Unbekannte Nürnberger Offizin
Nürnberg; Produktionszeit: ?
Signatur: »L. E.«

Lit.: HAMPE 1924, S. 71–72

EGGIMANN, F.
Graveur
Aarau; 1800–1830. F. Eggimann gravierte für J. W. Gottschalk, Aarau.
Signatur: »F. Eggimann«; »F. E.«

Lit.: MEYER-ZSCHOKKE 1916; Neue Zürcher Zeitung, 1. Sept. 1935; SULZER 1971, S. 61; SULZER 1972, S. 40

EHRLICH, ROBERT
Gießer
Offizin: »Zinnspielwarenfabrikant«
Leipzig; 1849–?

Lit.: Der standhafte Zinnsoldat 1932, S. 5

ENGELS: ZWEI GENERATIONEN (Vater-Sohn)

1. ENGELS, AUGUST GEORG FRIEDRICH
1766–1841; Gießer und Graveur
Verden an der Aller; um 1830–1841
Signatur: »A. G. F. E.«

Lit.: HAMPE 1924, S. 86; ACHILLES 1974, S. 23, Nr. 54; SCHÖTTLER (o.J.), S. 1–7

2. ENGELS, GEORG FRIEDRICH CHRISTIAN
1825–1914; Gießer und Graveur
Offizin: »Zinnspielwarengießerei«
Verden an der Aller; um 1840–1900. Die Gußformen befinden sich im Heimatmuseum Verden und im Helms-Museum, Hamburg.
Signatur: »G.F.E.«

Lit.: Vgl. Engels 1

FERNER, ANDREAS
Graveur
Um 1860. A. Ferner gravierte für C. Scheller, Kassel, und E. Heinrichsen, Nürnberg.

Lit.: Der standhafte Zinnsoldat 1928, S. 93

FISCHER, JOHANN ERNST
Gießer und Graveur
Halle; um 1800
Signatur: »F«, bisher wurden die mit »F« signierten Götterfiguren des Olymps und die Tierserie in der gesamten Literatur fälschlicherweise J. Fleegel, Hildesheim, zugeschrieben.

Lit.: HAMPE 1924, S. 84; Lübecker Ausstellungskatalog 1976, S. 9–10; S. 13, Nr. 6 und 7

Katalog

FLEEGEL: ZWEI VERSCHIEDENE OFFIZINEN

I. FLEEGEL: DREI GENERATIONEN (Vater-Sohn-Enkel)

1. FLEEGEL, JOHANN FRIEDRICH CONRAD
Gießer und Graveur, Meister 1771
Hildesheim; 1771–1821
Signatur: »Fleegel, Hildesheim«; »F.«; »F. H.«

Lit.: HAMPE 1924, S. 84; Der standhafte Zinnsoldat 1928, S. 70; 1930, S. 134; 1932, S. 68; 1933, S. 52; RATTELMÜLLER 1971, S. 111; ACHILLES 1974, S. 6, 9, 17, 18

2. FLEEGEL, FRIEDRICH CONRAD
Gießer und Graveur
Hildesheim; 1805–1838
Signatur: »J. C. F. Hildesheim«; »Fleegel. Hildesheim«

Lit.: Vgl. Fleegel 1

3. FLEEGEL, THEODOR
Gießer
Hildesheim; 1838–1860. Die Witwe F. C. Fleegels und Th. Fleegel führten das Geschäft noch bis 1860 weiter.

Lit.: Vgl. Fleegel 1

II. FLEEGEL, FRIEDRICH
† 1886; Gießer und Graveur, Meister 1848
Wolfenbüttel; 1848–1886. F. Fleegel gravierte auch für W. Denecke, Braunschweig.
Signatur: »Fleegel, Wolfenbüttel«; »F. F.«
Quelle: Signatur »F. F.« aufgrund eines Hinweises von Dr. W. Achilles.

Lit.: HAMPE 1924, S. 82; ACHILLES 1974, S. 19–20, 22

FRAAS, JOHANN CARL
1828–1912; Gießer, Meister 1854
Breslau; 1854–1912. J. C. Fraas übernahm 1873 die Gußformen von A. Boecker, Berlin.

Lit.: HAMPE 1924, 93–94; Der standhafte Zinnsoldat 1928, S. 53; RATTELMÜLLER 1971, S. 131

GEELHAAR, —
† 1865; Gießer, Meister 1810
Meißen; 1810–1865. Geelhaar übernahm Gußformen von C. F. Wilke, Großenhain.

Lit.: ORTMANN 1973, S. 57

GEYSER, —
Gießer und Graveur
Darmstadt; Produktionszeit: ?
Signatur: »Geyser«

Lit.: Der standhafte Zinnsoldat 1933, S. 32

GOTTSCHALK, JOHANN WILHELM
1768–1843; Gießer, ab 1795 Geselle bei M. Beck, Aarau, Meister 1800
Aarau; 1800–1843. 1805 übernahm J. W. Gottschalk die Zinngießerei M. Beck. F. Eggimann gravierte für J. W. Gottschalk, Signatur: »F. E.«; »F. Eggimann«. Die meisten Gußformen befinden sich im Schweizerischen Landesmuseum.

Lit.: MEYER-ZSCHOKKE 1916; HAMPE 1924, S. 60–61; BROWN 1930, S. 95–96; SULZER 1971

GROTEHENN, —
Gießer
Braunschweig; Produktionszeit: ?

Lit.: Der standhafte Zinnsoldat 1933, S. 26

HAFFNER: DREI GENERATIONEN (Vater-Sohn-Enkel)

1. HAFFNER, JOHANN
† 1879; Gießer
Offizin: Gegründet 1838 in Fürth
Fürth; 1838 bis ca. 1859. A. Städtler gravierte für J. Haffner 1 und J. Haffner 2.

Lit.: HAMPE 1924, S. 70, 91; Der standhafte Zinnsoldat 1928, S. 31; 1932, S. 98; 1933, S. 94; RATTELMÜLLER 1971, S. 98; Katalog H. R. 1973; ONKEN 1976, S. 26

2. HAFFNER, JOHANN
Gießer
Fürth; 1859–1885

Lit.: Vgl. Haffner 1

3. HAFFNER, KONRAD
Gießer
Fürth/Nürnberg; 1885–1892. 1892 übernahm Albrecht Städtler die Firma. 1898 ging sie in den Besitz von Otto Bing über. 1902 wurde Max Erlanger Inhaber der Firma »J. Haffner's Nachfolger«, die bis 1939 bestand.

Lit.: Vgl. Haffner 1

HÄRING, ARTHUR
Gießer
Fürth; 1. Hälfte 19. Jh. A. Häring kaufte Gußformen von Hilpert, Nürnberg.

Lit.: HAMPE 1924, S. 92

HARNISCH: ZWEI GENERATIONEN (Vater-Söhne)

1. HARNISCH, GEORG FRIEDRICH
Gießer und Graveur
Hannover; 1824–1840
Signatur: »G. H.«; »G. F. Harnisch in Hannover«; »H«

Lit.: ACHILLES 1976, S. 7, 9; Lübecker Ausstellungskatalog 1976, S. 15, Nr. 36

2. HARNISCH, J. L. HERMANN UND ADOLF
Gießer
Hannover; um 1840–?. Bremer gravierte für H. und A. Harnisch.
Signatur: »Bremer« 1850

Lit.: Vgl. Harnisch 1

HASELBACH, J. C.
Gießer und Graveur

Berlin/Merseburg; um 1840–1890. H. Wildt gravierte um 1850 für Haselbach.
Signatur: »H«; »H. W.«, für H. Wildt; »J. C. Haselbach/H. Wild«

Lit.: Hampe 1924, S. 81; Der standhafte Zinnsoldat 1928, S. 13; 1932, S. 98; 1933, S. 7; Rattelmüller 1971, S. 107

Heber, Stephan
Gießer
Wien; um 1820–?

Lit.: Garratt 1960, S. 46, 224

Heidorn, Carl Adolf Ferdinand
1823–1893; Gießer und Graveur
Lübeck; 1850–1880. 1854 übernahm Heidorn die Gußformen von Tiedemann. Heidenreich aus Karlsruhe gravierte für A. Heidorn. Figuren und Gußformen befinden sich im Lübecker Museum.
Signatur: »A. Heidorn« (spiegelverkehrt)

Lit.: Onken 1976, S. 34; Lübecker Ausstellungskatalog 1976, S. 10–11, Nr. 58–63

Heine, Heinrich Ludwig
† 1890; Gießer und Graveur, Meister 1852
Celle; um 1850–1890. H. L. Heine heiratete die Witwe von A. C. Richter, Celle, und übernahm dessen Geschäft. Die Gußformen befinden sich im Bomann-Museum, Celle.
Signatur: »H. Heine Celle«

Lit: Rattelmüller 1971, S. 117

Heinrich, Konrad und Jean (Brüder)
Gießer und Graveur (?)
Offizin: »Marke Noris«
Fürth; um 1880–1920

Lit.: Hampe 1924, S. 92

Heinrichsen: Drei Generationen (Vater-Sohn-Enkel)

1. Heinrichsen, Ernst
1806–1888; Gießer und Graveur, Meister 1839
Nürnberg; 1839–1869. 1848 führte Heinrichsen die Figurengröße von 3 cm ein.
Signatur: »E. H.«; »E. Heinrichsen fecit«; »E. Heinrichsen graviert«

Lit.: [Heinrichsen] 1900; Hampe 1924, S. 67, 88ff.; Der standhafte Zinnsoldat 1924–1943; Rattelmüller 1971, S. 78ff.; Ortmann 1973, S. 44ff.; Onken 1976, S. 27ff.; Keebel 1978, S. 15ff.

2. Heinrichsen, Wilhelm
1834–1908; Gießer und Graveur
Offizin: »Zinncompositions-Figuren-Fabrik« in Nürnberg
Nürnberg; 1869–1908
Signatur: »W. Heinrichsen«

Lit.: Vgl. Heinrichsen 1

3. Heinrichsen, Ernst Wilhelm
1868–1938; Gießer und Graveur (?)
Offizin: »Zinncompositions-Figuren-Fabrik« in Nürnberg
Nürnberg; 1908–1938. Ab 1945 bis heute; die Gußformen befinden sich im Besitz der Familie.

Lit.: Vgl. Heinrichsen 1

Herbst, F.
Gießer
Bremen; 1856–1894. F. Herbst übernahm 1866 die Gußformen von J. Bollmann, Bremen.

Lit.: Der standhafte Zinnsoldat 1933, S. 31

Heyde: Drei Generationen (Vater-Sohn-Enkel)

1. Heyde, Adolf
Gießer
Leipzig; um 1830

Lit.: Hampe 1924, S. 92; Der standhafte Zinnsoldat 1931, S 77; 1932, S. 5; 1933, S. 26

2. Heyde, Gustav Adolf Theodor
Gießer
Leipzig/Dresden; 1855–?

Lit.: Vgl. Heyde 1

3. Heyde, Georg
Gießer
Offizin: »Georg Heyde & Co., Metallspielwaren«
Dresden; gegründet 1872–1939

Lit.: Hampe 1924, S. 92; Rattelmüller 1971, S. 131; Onken 1976, S. 34

Heyer, A.
Gießer
Wien; um 1900

Lit.: Hampe 1924, S. 94; Rattelmüller 1971, S. 128

Hilpert: Zwei Generationen (Brüder-Sohn)

1. Hilpert, Johann Gottfried
1732–1801; Gießer und Graveur, Meister 1760
Nürnberg; um 1770–1801. Der Nachlaß ging an den Kunstverleger J. H. Stahl, Nürnberg, später an A. Häring, Fürth.
Signatur: »H«; »J. H.«; »J. H. Hilpert« und Jahrzahl

Lit.: Hampe 1924, S. 47ff., 92; Der standhafte Zinnsoldat 1931, S. 77; 1933, S. 26; Rattelmüller 1971, S. 51ff.; Ortmann 1973, S. 23; Onken 1976, S. 24–25

1a. Hilpert, Johann Georg (Bruder von 1)
1736–1795; Gießer und Graveur
Nürnberg; um 1770–1795. Arbeitete bei seinem Bruder bis zu seinem Tod.
Signatur: Vgl. Hilpert 1

Lit.: Vgl. Hilpert 1

Katalog

2. Hilpert, Johann Wolfgang (Sohn von 1)
1763–1800; Gießer und Graveur, Meister 1787
Nürnberg; arbeitete bei seinem Vater bis zu seinem Tod.
Signatur: »J. W. Hilpert fecit«

Lit.: Vgl. Hilpert 1

Hollberg, J. Gottlieb
Gießer
Potsdam; um 1800–1820/30. J. G. Hollbergs Gußformen gingen in den Besitz seines Schwiegersohnes J. C. Meyerheine über.

Lit.: Der standhafte Zinnsoldat 1928, S. 69; 1932, S. 86, 97

Holtz (Holst), J. A. A.
Gießer und Graveur
Hamburg; um 1840/1860

Lit.: Der standhafte Zinnsoldat 1924, H. 2, S. 10; Lübecker Ausstellungskatalog 1976, S. 16, Nr. 53–55; Onken 1976, S. 33–34

Høy (Höy, Hoyer), Hans
Gießer und Graveur
Offizin: »Royal founder Olderman«
Kopenhagen; um 1840–1880
Signatur: »Høy«

Lit.: Garratt 1960, S. 145, 225; Omken 1976, S. 37; Carman 1973, S. 17

I., P.
Graveur
Braunschweig; Produktionszeit: ?
Signatur: »P. I.«, unbekannte Signatur eines Graveurs oder Zinngießers

Lit.: Hampe 1924, S. 83

Ilse, E.
Gießer und Graveur
Hannover; um 1840–1860
Signatur: »E. Ilse 1849«

Lit.: Lübecker Ausstellungskatalog 1976, S. 15, Nr. 38

Jakobs, E. R.
† 1901; gießer
Großenhain; 1880–1900

Lit.: Hampe 1924, S. 93; Der standhafte Zinnsoldat 1933, S. 26; Rattelmüller 1971, S. 131

Kahle: Zwei Generationen (Vater-Sohn)

1. Kahle, Conrad
Gießer
Braunschweig; um 1850. Einen Teil der Gußformen von C. Kahle übernahmen die Gebr. Rieche.

Lit.: Hampe 1924, S. 82; Rattelmüller 1971, S. 111

2. Kähle, Wilhelm
Gießer und Graveur
Braunschweig; 1850–1870. W. Kahle verkaufte 1870 seine Gußformen nach Wolfenbüttel.
Signatur: »Kahle Wolfenbüttel«

Lit.: Vgl. Kahle 1

Käser, Gottlieb
Graveur
Aarau; um 1830–1860. Gravierte für J. R. Wehrli, Aarau.
Quelle: Stadtarchiv Aarau

Lit.: Vgl. J. R. Wehrli, S. 218

Kessler, L.
Gießer
Offizin: »Zinnspielwarenfabrik L. Keßler & Sohn«
Bernburg a. d. Saale; um 1860
Quelle: Slg. A. R. Sulzer, Zürich

Lit.: Kessler 1870

Koch, L.
Gießer
Fürth; um 1870

Lit.: Der standhafte Zinnsoldat 1933, S. 26

Krause: Drei Generationen (Vater-Sohn-Enkel)

1. Krause, Theodor
1819–1906; Gießer und Graveur
Gotha; 1853–1880. Schilling gravierte viele Formen für Krause.
Signatur: »Krause, Gotha«

Lit.: Hampe 1924, S. 93; Der standhafte Zinnsoldat 1928 Sondernummer; 1932, S. 78, 102; Rattelmüller 1971, S. 131; Ortmann 1973, S. 60

2. Krause, Karl
1849–1912; Gießer und Graveur (?)
Gotha; 1880–1912. Die Gußformen befinden sich im Heimatmuseum Gotha und im Stadtmuseum Weimar.

Lit.: Vgl. Krause 1

3. Krause, Rudolf
1877–1915; Gießer und Graveur (?)
Gotha; 1912–1915. Die Witwe R. Krause führte das Geschäft weiter.

Lit.: Vgl. Krause 1

Kröger, Henry
1854–1934; Gießer
Hamburg; um 1880
Quelle: Museum für Hamburgische Geschichte

Lit.: Lübecker Ausstellungskatalog 1976, S. 16, Nr. 56

Kuhn, E. G.
Gießer und Graveur
Nürnberg; 1770–?
Signatur: »K«; »Kuhn«; »G. L. K. 1769«?

Lit.: HAMPE 1924, S. 58, 109; Der standhafte Zinnsoldat 1928, S. 28; 1932, S. 31; 1933, S. 26; RATTELMÜLLER 1971, S. 71

KURZ, —
Gießer und Graveur
Stuttgart; 2. Hälfte 18. Jh.
Signatur: »G. L. K. 1769«?

Lit.: HAMPE 1924, S. 58; Der standhafte Zinnsoldat 1933, S. 26; RATTELMÜLLER 1971, S. 71

L., H.
Gießer und Graveur
Signatur: »H. L.«, unbekannter Herkunft

Lit.: HAMPE 1924, S. 58

LAUTER, RUDOLF
Gießer
Nürnberg; Produktionszeit: ?

Lit.: Der standhafte Zinnsoldat 1933, S. 26

LEHMANN: ZWEI VERSCHIEDENE OFFIZINEN

I. LEHMANN, J. HEINRICH
Gießer und Graveur, Meister 1866
Nürnberg; um 1870
Signatur: »J. Lehmann in Nürnberg«
Quelle: Signierte Figur in der Slg. A. R. Sulzer, Zürich

Lit.: HAMPE 1924, S. 93, 111

II. LEHMANN, HUGO
Gießer und Graveur?
Meißen; um 1860. H. Lehmann übernahm Gußformen von C. F. Wilke, Großenhain, und Geelhaar, Meißen.

Lit.: HAMPE 1924, S. 93; Der standhafte Zinnsoldat 1928, S. 31, 87; RATTELMÜLLER 1971, S. 131

LEMOYNE, —
Gießer
Paris; 1839–1851

Lit.: GARRATT 1960, S. 59, 227

LEONART, JUAN
Gießer
Barcelona; um 1840

Lit.: GARRATT 1960, S. 151, 227

LESCHHORN, CARL GOTTLIEB
1806–1878; Gießer und Graveur, Meister 1849
Raudten/Breslau; 1849–1878
Signatur: »C. G. Leschhorn«

Lit.: HAMPE 1924, S. 87; RATTELMÜLLER 1971, S. 131; ONKEN 1976, S. 35

[LEUTSCHER METALL- UND SPIELWARENFABRIK]
Gießerei
Offizin: »Leutscher Metall- und Spielwarenfabrik«
Leutsch bei Leipzig; um 1900
Quelle: Hinweis von A. R. Sulzer, Zürich

Lit.: Illustrierte Zeitung, Sondernummer, S. 241

LEVEILLE, —
Gießer
Paris; um 1830

Lit.: GARRATT 1960, S. 55–56, 227

LINK: ZWEI GENERATIONEN (Vater-Sohn)

1. LINK, L.
Gießer
Braunschweig; 1870–1890. 1870 übernahm L. Link die Gußformen von W. Denecke.

Lit.: HAMPE 1924, S. 81; Der standhafte Zinnsoldat 1933, S. 33; RATTELMÜLLER 1971, S. 108; ONKEN 1976, S. 31

2. LINK, ALBERT
Gießer und Graveur (?)
Braunschweig; 1890–1916. Im Jahr 1916 gingen die Gußformen an die Firma Gebr. Rieche, Hannover.

Lit.: Vgl. Link 1

LÖBLICH, WILHELM
Gießer
Reudnitz bei Leipzig; um 1850

Lit.: HAMPE 1924, S. 86; Der standhafte Zinnsoldat 1931, S. 77; 1932, S. 5

LORENZ, JOHANN GOTTLIEB
Gießer und Graveur
Offizin: »Johann Gottlieb Lorenz Zinngießer in Fürth« (Etikette)
Fürth/Nürnberg; 1800–1850. 1852 übernahm Gottlieb Schradin, Nürnberg, die Gußformen, später gingen sie an V. Weygang, Göttingen.
Signatur: »L«; »Lorenz«

Lit.: HAMPE 1924, S. 65; Der standhafte Zinnsoldat 1933, S. 26; RATTELMÜLLER 1971, S. 77; ACHILLES 1974, S. 23

LÖWE, —
Gießer
Kiel; um 1870

Lit.: ONKEN 1976, S. 34

M., J. K. L.
Graveur
Produktion: ?
Signatur: »J. K. L. M.«, unbekannte Herkunft

Lit.: HAMPE 1924, S. 94

MARCHAND, EUGEN UND FLORENT
Gießer
Straßburg; um 1900–? 1904 übernahm Marchand die Gußformen von K. T. Bergmann, Straßburg.

Lit.: Die Zinnfigur 1962, H. 2; MARTIN 1965; RATTELMÜLLER 1971, S. 121

Katalog

Metzger, K.
Gießer
Nürnberg; 19./20. Jh.

Lit.: Hampe 1924, S. 92

Meyer, Hermann
*1840; Graveur
Braunschweig; 1896–?

Lit.: Hampe 1924, S. 93

Meyerheine: Drei Generationen (Vater-Sohn-Enkel)

1. Meyerheine, Johann Carl
1793–1843; Gießer und Graveur
Potsdam; 1820–1845
Signatur: »M«

Lit.: Der standhafte Zinnsoldat 1928, S. 40, 69; 1930, S. 129, 137; 1932, S. 3, 85ff., 97; Bonnes 1937; Kebbel 1978, S. 21–22

2. Meyerheine, Adolph
1819–1901; Gießer und Graveur
Potsdam; 1845–1896. Ab 1860 gravierte H. Wildt für Meyerheine. 1873 übernahm A. Meyerheine die Gußformen von A. Boekker, Berlin.
Signatur: »A. M.«; »H. W.«, für H. Wildt

Lit.: Vgl. Meyerheine 1

3. Meyerheine, Rudolf
Gießer und Graveur
Potsdam; 1890–1920. R. Meyerheine übte das Geschäft nur noch nebenbei aus. Die Gußformen befinden sich im Heimatmuseum Potsdam.
Signatur: »R. M.«

Lit.: Vgl. Meyerheine 1

Mignot, —
Gießer
Offizin: 1825 als Firma »C. B. G.« (Cuperly, Blondel, Gerbeau) gegründet und von Mignot übernommen

Paris; 1836 bis heute

Lit.: Katalog C. B. G., 1890; Garratt 1960, S. 55, 229

Nessenius, Johann Arnold
1738–1801; Gießer und Graveur
Hannover; 1770–1801
Signatur: »JAN.«; »AN.«; »JA.«

Lit.: Achilles 1974; Achilles 1976

Ortelli, —
Gießer und Graveur (?)
Barcelona; 1830–1840. Die Gußformen befinden sich heute im Freilichtmuseum Fort Montjuich, Barcelona.

Lit.: Garratt 1960, S. 231; Onken 1976, S. 36

Pauer, —
Gießer
Wien; um 1830

Lit.: Hampe 1924, S. 87; Rattelmüller 1971, S. 127

Pianet, —
Gießer
Offizin: »Zinnspielwarenfabrik Pianet & Co.«
Genf; 1895–1915

Lit.: Meyer-Zschokke 1916

Pilz: Zwei Generationen (Vater-Sohn)

1. Pilz, Traugott Friedrich
† 1823; Gießer, Meister 1778
Freiberg i. Sa.; um 1800–1823. Heuchler gravierte für T. Pilz.

Lit.: Hampe 1924, S. 86–87; Ortmann 1973, S. 57-58

2. Pilz, Carl Friedrich
Gießer und Graveur
Freiberg i. Sa.; um 1830–1870. G. Väterlein übernahm Gußformen von C. Pilz.
Signatur: »C. F. P.«

Lit.: Hampe 1924, S. 86–87; Der standhafte Zinnsoldat 1933, S. 20; Rattelmüller 1971, S. 131

R., J. G.
Graveur
Nürnberg; um 1900
Signatur: »J. G. R.«
Quelle: Hinweis von A. R. Sulzer, Zürich

Ramm: Zwei Generationen (Vater-Sohn)

1. Ramm, Johann Christoph Leonard
† 1869; Gießer und Graveur, Meister 1840
Lüneburg; 1840–1869
Signatur: »Ramm«; »R«
Quelle: Musterbuch im Museum Lüneburg

Lit.: Rattelmüller 1971, S. 112; Onken 1976, S. 32

2. Ramm, Johann Heinrich Friedrich
Gießer
Lüneburg; 1869–1904
Signatur: Vgl. Ramm 1

Lit.: Vgl. Ramm 1

Rathgeber, Josef
Gießer und Graveur
1812 Geselle bei A. Schweizer, 1816 Teilhaber von A. Schweizer, Dießen am Ammersee; 1875 Trennung der Betriebe mit Teilung der Gußformen. Zinnfigurenfabrikation bis in die Gegenwart.
Signatur: »J. R.«

Lit.: Vgl. Schweizer 1, S. 216

Reich, Johann Christian
Gießer und Graveur
Fürth; 18./19. Jh. Hersteller von Zinnmedaillons

Lit.: Hampe 1924, S. 72

I. RICHTER, —
Graveur
Nürnberg; um 1860–?. Richter gravierte für G. Söhlke, Berlin.

Lit.: Der standhafte Zinnsoldat 1933, S. 94

II. RICHTER: ZWEI GENERATIONEN (Vater-Sohn)

1. RICHTER, JOHANN GOTTLIEB
1780–1830; Gießer und Graveur, Meister 1814
Celle; 1814–1830. Buwe gravierte für Richter.
Signatur: »J. G.«; »J. G. Richter in Celle«; »Buwe fecit-Richter Celle«

Lit.: Der standhafte Zinnsoldat 1933, S. 20; RATTELMÜLLER 1971, S. 117; ACHILLES 1974, S. 18, 20; WITTICHEN 1974, S. 74

2. RICHTER, ADOLF GOTTLIEB CHRISTIAN
1815–1849; Gießer, Meister 1838
Celle; 1830–1849. Die Witwe Richter heiratete 1852 den Zinngießer H. Heine, der den Betrieb weiterführte.

Lit.: Vgl. Richter 1; ACHILLES 1974, S. 21; WITTICHEN 1974, S. 82

RIECHE, ERNST UND FRANZ (Brüder)
Gießer und Graveur (?)
Offizin: Gegründet 1866
Hannover; 1866–1929. 1929 übernahm W. Beißner die Firma als Inhaber. E. und F. Rieche besaßen Gußformen von: L. Link, Braunschweig; C. Ammon, Nürnberg; W. Kahle, Wolfenbüttel; J. C. Haselbach, Berlin. Alle Gußformen wurden im 2. Weltkrieg zerstört.

Lit.: [RIECHE] 1905; HAMPE 1924, S. 82; Der standhafte Zinnsoldat 1931, S. 80; ONKEN 1976, S. 32

RÖDERS: ZWEI GENERATIONEN (Vater-Sohn)

1. RÖDERS, JASPER
Gießer und Graveur (?)
Offizin: Gegründet um 1800
Soltau; um 1800–1840

Lit.: Der standhafte Zinnsoldat 1930, S. 136–137; ORTMANN 1973, S. 59; ONKEN 1976, S. 32

2. RÖDERS, GEORG ANDREAS
* 1816; Gießer und Graveur
Soltau; um 1840–1870. Ab 1870 führte der Sohn von A. Röders das Geschäft weiter.
G. A. Röders gravierte für: J. E. Dubois, Hannover; F. Ch. Engels, Verden; J. Ch. Ramm, Lüneburg.

Lit.: Vgl. Röders 1

RÖHN, —
Gießer
Heidelberg; Produktionszeit: ?

Lit.: Der standhafte Zinnsoldat 1933, S. 26

RUCKERT: BRÜDER

1. RUCKERT, MARTIN
* 1785; Gießer und Graveur, Meister 1821
Würzburg; um 1820–1850. Die Gußformen übernahm die Zinnoffizin Weygang. Göttingen.
Signatur: »M. R.«

Lit.: HAMPE 1924, S. 72–73; Der standhafte Zinnsoldat 1928, S. 40; 1932, S. 28; RATTELMÜLLER 1971, S. 101; ACHILLES 1974, S. 18; Figurina Helvetica 1977, S. 31

1a. RUCKERT, ANTON
* 1788; Gießer und Graveur
Würzburg; 1820–1850 (nur zeitweise)
Signatur: »A. M.«. Es sind noch die Signaturen »Adam F. Ruckert« und »F. Ruckert« bekannt, ohne daß man weiß, auf wen sie sich beziehen.

Lit.: Vgl. Ruckert 1

RÜDIGER: ZWEI GENERATIONEN (Vater-Sohn)

1. RÜDIGER, AUGUST
1814–1869; Gießer
Hildesheim; um 1840–1860

Lit.: HAMPE 1924, S. 84; RATTELMÜLLER 1971, S. 111

2. RÜDIGER, AUGUST RUDOLF
1839–1920; Gießer
Hildesheim; 1860–1900

Lit.: Vgl. Rüdiger 1

S., C. (= SCHILDKNECHT ?)
Gießer und Graveur
Produktion: ?
Signatur: »C. S.«, unbekannte Herkunft ?

Lit.: HAMPE 1924, S. 94

SCH., C. (= SCHILDKNECHT ?)
Graveur
Produktion: ?
Signatur: »C. Sch.«, unbekannte Herkunft ?

Lit.: HAMPE 1924, S. 94

S., F.
Graveur
Produktion: ?
Signatur: »F. S.«, unbekannte Herkunft

Lit.: HAMPE 1924, S. 94

SANTESSONSKA, TENNGJUTERIET
Gießer
Stockholm; 1843–1930

Lit.: GARRATT 1960, S. 154, 235

SCHAPER, C.
Graveur
Hannover; um 1840. C. Schaper gravierte für C. E. Demong, Hannover.
Signatur: »C. Schapper 1846«

Lit.: ACHILLES 1974, S. 19, Nr. 23

Katalog

SCHELLER, CARL UND SOHN
Gießer und Graveur
Offizin: »Zinnspielwarenfabrik«
Kassel; 1850–1918. A. Städtler gravierte für C. Scheller. C. Scheller übernahm einen Teil der Gußformen von G. Söhlke, Berlin.
Signatur: »Carl Scheller fct. Cassel«

Lit.: HAMPE 1924, S. 80; RATTELMÜLLER 1971, S. 131; ONKEN 1976, S. 30

SCHELLHORN, JOHANN CHRISTOPH
Gießer und Graveur
Nürnberg; um 1800. Lehrling bei Hilpert, Nürnberg
Signatur: »J. S.«

Lit.: GARRATT 1960, S. 41, 235; RATTELMÜLLER 1971, S. 51

SCHEPP: ZWEI GENERATIONEN (Vater-Sohn)

1. SCHEPP, CARL GOTTFRIED
1772–1850; Gießer und Graveur
Offizin: »Knopf- und Zinnfigurenfabrikant«
Breslau; um 1800–1840
Signatur: »Schepp«
Quelle: Hinweis von Horst Wilke, Fürstenwalde/DDR

Lit.: HAMPE 1924, S. 87; Der standhafte Zinnsoldat 1933, S. 26; RATTELMÜLLER 1971, S. 131

2. SCHEPP, ROBERT JULIUS
* 1809; Gießer
Offizin: »Knopf- und Zinnfigurenfabrikant«
Breslau; um 1840–?

Lit.: Vgl. Schepp 1

SCHIEBLER, —
Gießer
Dessau; Produktionszeit:?

Lit.: Der standhafte Zinnsoldat 1933, S. 26

SCHILDKNECHT, KONRAD UND SOHN
Gießer und Graveur
Offizin: Gegründet 1840
Fürth; 1840–1870. K. Schildknecht übernahm ca. 1890 die Gußformen von F. Besold.
Signatur: »K. Schildknecht«; vgl. auch Signaturen »C. S.« und »C. Sch.« auf S. 215

Lit.: HAMPE 1924, S. 70; Der standhafte Zinnsoldat 1933, S. 26; RATTELMÜLLER 1971, S. 98

SCHILLING, —
Graveur
Um 1860–1880. Schilling gravierte für Th. Krause, Gotha.

Lit.: Der standhafte Zinnsoldat 1932, S. 102

SCHRADER, LUDWIG
Gießer
Hannover; Produktionszeit:?

Lit.: HAMPE 1924, S. 92

SCHRADIN, GOTTLIEB
Gießer
Nürnberg; um 1860. G. Schradin übernahm die Gußformen von J. G. Lorenz, Fürth-Nürnberg.

Lit.: HAMPE 1924, S. 66

SCHREIBER, KARL
Gießer
Nürnberg; 19./20. Jh.

Lit.: HAMPE 1924, S. 92

SCHUCH, —
Gießer
Schleiz; Produktionszeit:?

Lit.: Der standhafte Zinnsoldat 1933, S. 26

SCHÜNDLER, J.
Gießer
Leipzig; 1840/1850. Die Gußformen übernahm R. Bünau, Leipzig.

Lit.: HAMPE 1924, S. 86; Der standhafte Zinnsoldat 1933, S. 26

SCHWEIGGER: ZWEI GENERATIONEN (Vater-Sohn)

1. SCHWEIGGER, CHRISTIAN G.
1763–1829; Gießer, Meister 1792
Nürnberg; um 1792–1829. Ab 1829 führte die Witwe G. Schweigger das Geschäft weiter.

Lit.: HAMPE 1924, S. 69–70; RATTELMÜLLER 1971, S. 97

2. SCHWEIGGER, LUDWIG FRIEDRICH
1815–1886; Gießer, Meister 1838
Nürnberg; 1838–1886

Lit.: Vgl. Schweigger 1

SCHWEIZER: FÜNF GENERATIONEN

1. SCHWEIZER, ADAM
† 1842; Gießer und Graveur
Offizin: Entstanden um 1740. »Kleinzinngießerei«
Dießen am Ammersee; um 1796–1842

Lit.: SCHWEIZER 1930; RATTELMÜLLER 1971, S. 121 ff.; ORTMANN 1973, S. 62–63; ACHILLES 1974, S. 26–27; ONKEN 1976, S. 29

2. SCHWEIZER, ANTON UND BABETTE
1812–1867; Gießer und Graveur
Offizin: »Kleinzinngiesserei« für Devotionalien und Zinnfiguren
Dießen am Ammersee; 1842–1867. Die Witwe Babette Schweizer führte den Betrieb mit ihrem Sohn weiter.

Lit.: Vgl. Schweizer 1

3. SCHWEIZER, ADAM UND WILHELMINE
† 1914; Gießer und Graveur
Dießen am Ammersee; 1896–1914. Die Witwe Wilhelmine Schweizer führte den Betrieb mit Sohn und Tochter weiter.

Lit.: Vgl. Schweizer 1

4. Schweizer, Anny und Wilhelm
Gießer und Graveur
Dießen am Ammersee; seit 1914 Zinnfigurenfabrikation bis in die Gegenwart (in der 5. Generation). 1958 gingen die Gußformen von R. Lauter, Nürnberg, in den Besitz der Zinnoffizin A. Schweizer über.

Lit.: Vgl. Schweizer 1

Serig, Friedrich August
Gießer
Offizin: »Zinnfigurenfabrikant«
Leipzig; 1815–1829. Verfertigte alle Arten von Zinnfiguren.

Lit.: Der standhafte Zinnsoldat 1932, S. 5, 17

Sichart, J.
Gießer
Offizin: Gegründet 1825
Wien; 1825–heute. Die Gußformen werden noch von Josef Sichart, Wien, ausgegossen. J. Sichart übernahm die Gußformen von J. Zerwick, Wien.

Lit.: Kant 1961, S. 37–38; Rattelmüller 1971, S. 127

I. Söhlke, Friedrich
Gießer
Hannover; um 1810/1820. 1816 und 1821 wird F. Söhlke in den Zinngießerakten von Nürnberg erwähnt.

Lit.: Vgl. Söhlke, G.

II. Söhlke, G.
Gießer und Graveur
Offizin: 1819 als »Spielwarenfabrik« gegründet
Berlin; 1819–1872. 1872 gingen die Gußformen an: C. Scheller, Kassel; J. Haffner, Fürth; Ernst Heinrichsen, Nürnberg.
Signatur: »G. Söhlke«

Lit.: [Söhlke ca. 1868]; Hampe 1924, S. 80; Rattelmüller 1971, S. 107

Sommer, —
Gießer
Großbreitenbach i.Th.; Produktionszeit: ?

Lit.: Der standhafte Zinnsoldat 1932, S. 86

Spenkuch, Georg
Gießer
Offizin: »Zinnfiguren-Fabrik«, gegründet 1879
Nürnberg; 1879–?

Lit.: Hampe 1924, S. 91; Der standhafte Zinnsoldat 1930, S. 114

Städtler, Albrecht
Gießer und Graveur
Offizin: 1892–1998 übernahm Städtler die Offizin J. Haffner.
Fürth/Nürnberg; um 1870–1892. A. Städtler gravierte für E. Heinrichsen, Nürnberg, und K. Scheller, Kassel.

Lit.: Hampe 1924, S. 71; Der standhafte Zinnsoldat 1933, S. 94; Katalog H. R., 1973

Stahl, Johann Ludwig
Offizin: »Kunstwaren-Verlag und Spielsachen-Händler«
Nürnberg; um 1805 übernahm J. H. Stahl den Nachlaß und die Gußformen von Hilpert.

Lit.: Hampe 1924, S. 53; Rattelmüller 1971, S. 57; Kebbel 1978, S. 14

Stirnemann, J.
Graveur
Aarau; 1830–1860. J. Stirnemann gravierte für J. R. Wehrli, Aarau.
Quelle: Stadtarchiv Aarau

Lit.: Vgl. Wehrli 1, S. 218

Taberger, —
Gießer
Offizin: Gegründet 1810
Hannover; um 1810–1830. Um 1830 übernahm E. C. Demong die Werkstatt Tabergers.

Lit.: Achilles 1976, S. 7; Onken 1976, S. 32

Tessière, —
Gießer
Paris; 1839–1851

Lit.: Garratt 1960, S. 59, 238

Tiedemann, —
Gießer
Lübeck; ?–1854. 1854 übernahm C. A. Heidorn die Gußformen von Tiedemann.

Lit.: Lübecker Ausstellungskatalog 1976, S. 10

Väterlein, Gustav
Gießer und Graveur
Freiberg i. Sa.; 1866–? G. Väterlein übernahm die Gußformen der Firma Pilz, Freiberg.
Signatur: »Väterlein«

Lit.: Hampe 1924, S. 86–87; Rattelmüller 1971, S. 131; Ortmann 1973, S. 58

Wegmann: Zwei Generationen (Vater-Sohn)

1. Wegmann, Carl
Gießer und Graveur, Meister 1821
Braunschweig; 1821–1858. 1820 übernahm C. Wegmann die Gußformen von der Zinnoffizin Denecke, Braunschweig.
Signatur: »C. W.«

Lit.: Hampe 1924, S. 82–83; Rattelmüller 1971, S. 111; Achilles 1974, S. 17, 20, 23; Onken 1976, S. 31

2. Wegmann, Theodor
1824–1894; Gießer und Graveur, Meister 1858
Braunschweig; 1858–1894. 1895, nach dem Tode von T. Wegmann, gingen die Gußformen in die Firma B. Börnig über.
Signatur: »Th. Wegmann fecit 1846«

Lit.: Vgl. Wegmann 1

Katalog

WEHRLI: ZWEI GENERATIONEN (Vater-Sohn)

1. WEHRLI, JOHANN RUDOLF
1801–1876; Gießer und Graveur, ab 1814 Lehrling bei J. W. Gottschalk, 1828 Meister Aarau; 1830–1876. G. Käser und J. Stirnemann gravierten für J. R. Wehrli.
Signatur: »Wehrli«

Lit.: [WEHRLI 1880]; MEYER-ZSCHOKKE 1916; HAMPE 1924, S. 61; BROWN 1930, S. 95–96; Figurina Helvetica 1960, H. 4; 1961, S. 61ff.; 1964, H. 1; RATTELMÜLLER 1971, S. 72

2. WEHRLI, FRIEDRICH
1847–1919; Gießer
Aarau; 1876–1887. Die Gußformen befinden sich im Schweizerischen Landesmuseum, Zürich.

Lit.: Vgl. Wehrli 1

WEYGANG: DREI GENERATIONEN (Vater-Sohn-Enkel)

1. WEYGANG, CONRAD
1800–1869; Gießer und Graveur (?)
Göttingen; 1830–1860

Lit.: HAMPE 1924, S. 84–85; Der standhafte Zinnsoldat 1928, S. 70; 1932, S. 14, 16; SPECOVIUS 1936; RATTELMÜLLER 1971, S. 71, 111; ORTMANN 1973, S. 58–59; OCHSENREITER 1976

2. WEYGANG, CARL
1830–1875; Gießer und Graveur
Göttingen; 1850–1875
Signatur: »Weygang«; »W. C.«; »C. W. G.«, (G = Göttingen)

Lit.: Vgl. Weygang 1

3. WEYGANG, VIKTOR
1863–1919; Gießer und Graveur (?)
Göttingen; um 1885–1919. Die Firma Weygang übernahm Gußformen von: M. Ruckert, Würzburg; Th. Fleegel, Hildesheim; J. G. Lorenz, Nürnberg.
Die Gußformen befinden sich heute im Museum Göttingen und bei A. Weygang, Öhringen.

Lit.: Vgl. Weygang 1

WILD (WILDT), H.
Graveur
Berlin; um 1850–1870. Wild gravierte für: A. Boecker, Berlin; J. Haffner, Fürth; J. T. Haselbach, Merseburg; G. Böhler, Berlin; A. Meyerheine, Potsdam.
Signatur: »H. W.«; »W«; »H. Wildt«

Lit.: Der standhafte Zinnsoldat 1932, S. 97–98

WILKE, C. F.
Gießer und Graveur
Großenhain; Produktionszeit: ?. Die Gußformen gingen an die Firma H. Lehmann, Meißen, über.
Signatur: »F. W.«; »F. Wilke«; »Wilke«

Lit.: Der standhafte Zinnsoldat 1929, S. 23; ORTMANN 1973, S. 57

WINTERBAUER, MARTIN
Gießer
Nürnberg; um 1900
Quelle: Hinweis von W. Onken, Hamburg, der eine Originalschachtel mit Figuren besitzt.

WOLFRAM, —
*1869; Gießer
Plagwitz/Leipzig; um 1900

Lit.: HAMPE 1929, S. 92

WOLLNER, MICHAEL
Gießer
Offizin: Gegründet 1884
Wien; 1884–?. Die Gußformen sind heute im Besitz der »Spielwarenmanufaktur I. Kober« in Wien, wo sie noch ausgegossen werden.

Lit.: RATTELMÜLLER 1971, S. 127

ZERWICK: ZWEI GENERATIONEN (Vater-Söhne)

1. ZERWICK, JOHANN
Gießer und Graveur
Offizin: 1806 gegründet als »Kaiserlich Königlich privilegierte Compositions- und Nürnberger-Warenfabrik der Gebr. Zerwick«
Wien; 1806–?. J. Sichart übernahm Gußformen von J. Zerwick.
Signatur: »J. Z.«

Lit.: MAIS 1958; KANT 1961, S. 37–38; RATTELMÜLLER 1971, S. 127

2. ZERWICK, GEBR.
Gießer
Wien/Hersbruck; um 1850–?. Die Firma wurde später unter dem Namen »Kietablsche Spielwarenhandlung ›Zum Chineser‹« weitergeführt.

Lit.: Vgl. Zerwick 1

ZIMM, —
Gießer
Wien; Produktionszeit: ?

Lit.: Der standhafte Zinnsoldat 1933, S. 26

Auswahlbibliographie

Zeitschriften

Bulletin de la Société des collectionneurs de figurines historiques, Paris 1931–1961
Carnet de la Sabretache. Bulletin des collectionneurs de figurines et des amis de l'histoire militaire, Paris 1961ff.
Figurina Helvetica, Mitteilungen der Schweizerischen Gesellschaft der Freunde der Zinnfigur, Zürich 1941ff.
La Figurine, Périodique et revue bibliographique de la Société belge »La Figurine«, Brüssel 1930ff.
Die Mölkerbastei, hrsg. von Fritz Werner, Wien 1949ff.
Die neue Mölkerbastei, hrsg. von »1683«, Gesellschaft der Freunde und Sammler kulturhistorischer Figuren, Wien 1975ff.
Nachrichten für Liebhaber der Zinnfigur, Zeitschrift für Zinnfigurensammler, Leipzig 1924–1928
Der standhafte Zinnsoldat, Monatsschrift für Zinnfigurensammler, hrsg. von E. Berking, Hannover 1924–1943
Die Zinnfigur, Monatsschrift für Freunde und Liebhaber von Zinnfiguren, Bundesblatt des deutschen Zinnfigurensammlerbundes »Clio«, 1926–1943
Die Zinnfigur, Monatsschrift der deutschen Gesellschaft der Freunde und Sammler kulturhistorischer Zinnfiguren »Klio«, 1952ff.
Der Zinnfiguren-Sammler/Tradition, Unabhängige Blätter der Freunde kulturgeschichtlicher Zinnfiguren und Traditionspflege, hrsg. von H. Kebbel, Nürnberg 1958–1965

Alte und neue Kataloge

[BESTELMEIER, GEORG HIERONYMUS]: *Systematisches Verzeichnis* eines Magazins von verschiedenen Spiel-, Kunst- und andern nützlichen Sachen. Zu finden bei Georg Hieronymus Bestelmeier in Nürnberg, Nürnberg 1798
[—]: *Magazin* von verschiedenen Kunst- und andern nützlichen Sachen zur lehrreichen und angenehmen Unterhaltung der Jugend, als auch für Liebhaber der Künste und Wissenschaften, welche Stücke meistens vorrätig zu finden bei

Auswahlbibliographie

Georg Hieronymus Bestelmeier in Nürnberg, 1.–9. Stück [z.T. »neue verbesserte Auflage«], Nürnberg 1803–1807

[CUPERLY/BLONDEL/GERBEAU]: *Au plat d'étain*, Jouets, Paris 1890

Handwerksbücher, Nürnberger, des ehemaligen Kandelgießer-Handwerks, der späteren (bis 1868) löblichen Zinngießergesellschaft zu Nürnberg; es befinden sich im Archiv des Germanischen Museums: das Meisterbuch, angelegt 1560, Lehrlings- und Gesellenbücher, »der Zinngießer-Gesellen Örten-Buch« (1801 ff.) u.a.

[HEINRICHSEN]: Preis- und Waren-Verzeichnis Ernst Heinrichsen, Zinn-Kompositions-Figuren-Fabrik Nürnberg, o.O. u.J. [Nürnberg, um 1900]

KAISER, PAUL/HARALD KEBBEL (Hg.): *Zinnfiguren einst und jetzt*, Führer durch die große Sonderschau, Weimar 1956

KÄSTNER, WERNER (Hg.): *Zinnfiguren in Nürnberg*, Ausstellungskatalog, 22./23. und 29./30. Oktober 1977

[KESSLER, L]: *Preis-Courant* der Zinnspielwaren-Fabrik von L. Keßler & Sohn in Bernburg an der Saale, Bernburg 1870

[RIECHE, GEBR.]: *Hauptkatalog*, Gebr. Rieche, Fabrik Historischer Zinnsoldaten und Zinngießerei, Hannover 1905

SCHNEIDER, HUGO: *Zinn*, Bd. I. Katalog, Olten 1970

[SÖHLKE, G.:] *Illustrierter Catalog und Preis-Courant* des größten und wohlassortiertesten Lagers von Kinder-Spiel-Waaren der eigenen Fabriken zu Berlin und Petersdorf in Schlesien, sowie derjenigen Deutschlands, Frankreichs und Englands, G. Söhlke-Berlin [gegründet 1819] o.J. [ca. 1868]

[STAHL:] *Verzeichnis* über verschiedene feine und ordinaire gemahlte Zinn-Figuren und andere dergleichen Kunst-Waaren, welche in des Johann Ludwig Stahls, Hilperts seel. Erben, Kunstwaaren-Verlag in Nürnberg um beygesetzte Preise gegen baare Bezahlung zu haben sind... o.O. [Nürnberg] 1805

[WEHRLI, J. R.]: *Preisliste* der Zinnfigurenfirma J. R. Wehrli, Aarau o.J. [um 1800]

Zinn, Band III, Katalog des Kunstgewerbemuseums der Stadt Köln, Köln 1968

Der standhafte Zinnsoldat. Aus der Spielzeugkiste ins Museum, Ausstellungskatalog des Museums für Kunst und Kulturgeschichte der Hansestadt Lübeck, Lübeck 1976

Allgemeine und Fachliteratur

ACHILLES, WALTER: *Zinnfiguren als kulturhistorische Quelle*, Braunschweig 1968
— »1000 bunte Zinnfiguren«, in: *Zeitschrift des Museums zu Hildesheim*, Heft 25, 1974
— *Die ältesten niedersächsischen Zinnfiguren des Meisters AN*, Braunschweig 1976 (= Hildesheimer Miniaturen)
ALLEMAGNE, HENRY-RENÉ D': *Histoire des Jouets*, Paris 1903
— »Les Soldats de plomb«, in: *Les Jouets et Jeux anciens* I, 1 (Juni 1905), S. 24ff.

BALDET, MARCEL: *Figurines et soldats de plomb*, Paris 1961
— *Von der Tonfigur zum Bleisoldaten*, übersetzt von PAUL MARTIN, Düsseldorf 1962
BECKER, HORST: »Bemalen von Zinnfiguren«, in: *Zinnfiguren in Nürnberg*, S. 42–48
BLUM, EUGEN: »Die Eidgenossen im 16. Jahrhundert (Zeitalter der Landsknechte)«, in: *Figurina Helvetica* 12 (1953), Heft 3, S. 31–39
BONNES, AUGUST: *Die Zinngießerfamilie Meyerheine*, Potsdam 1937
BROWN, JOHN A.: *Das Zinngießerhandwerk der Schweiz*, Solothurn 1930
BRUCKNER, A. UND B.: *Schweizer Fahnenbuch*, St. Gallen 1942

CARMAN, W. Y.: *Model Soldiers*, London 1973
CASSIN-SCOTT, JACK/PHILIP J. HAYTHORNTHWAITE/JOHN FABB: *Uniformen der Napoleonischen Kriege*, München 1974
[CASTRES, EDUARD:] »Bemerkungen zur Entstehung seines großen Panoramas: Die Armee des Generals Bourbaki tritt bei Les Verrières über die Schweizer Grenze. Eine Episode aus dem Deutsch-Französischen Kriege von 1870/71«, in: *Du*, Schweizerische Monatsschrift 4 (1944), Heft 11, S. 8–28
CATEL, P. F.: *Mathematisches und physikalisches Kunst-Cabinet, dem Unterrichte und der Belustigung der Jugend gewidmet*, Berlin–Libau 1790
CLARETIS, LÉO: *Jouets de France*, Paris 1920
CROLOT, PIERRE: *Le livre des drapeaux de Fribourg*, Zürich 1957

DAVID, H.: *Jeux de plombs*, Paris 1949
DELBRÜCK, HANS: *Geschichte der Kriegskunst im Rahmen der politischen Geschichte*, 7 Bände, Berlin 1920–1936

Auswahlbibliographie

DIEDERICH, J.: »Geschichte in Zinn. Vom Kinderspiel zur kulturhistorischen Zinnfigur«, in: *Die neue Mölkerbastei*, Heft 11, 1978, S. 8–14
DURRER, ROBERT: *Glarner Fahnenbuch*, Historischer Verein des Kantons Glarus, Zürich 1928

FALLS, CYRIL: *Große Landschlachten*, Frankfurt am Main 1964
FEATHERSTONE, DONALD F.: *War Games – Battles and Maneuvres with Model Soldiers*, London 1962, Neuauflagen 1965, 1967, 1968, 1970, 1972, 1973, 1976
FUNCKEN, LILIANE UND FRED: *Le costume et les armes des soldats de tous les temps*, 2 Bände, Band 1: *Des Pharaons à Louis XV*, Band 2: *De Frédéric II à nos jours*, Tournai 1966 und 1967
— *L'uniforme et les armes des soldats de la guerre en dentelle*, 2 Bände, Band 1: *France: Maison du roi et infanterie sous Louis XV et XVI. Grande-Bretagne et Prusse: Infanterie*, Band 2: *1700–1800: France, Grande-Bretagne et Prusse: Cavalerie et artillerie. Autres pays: Infanterie, cavalerie, artillerie*, Tournai 1975 und 1976
— *Historische Uniformen. Napoleonische Zeit I. Französische Linienregimenter, britische, preußische und spanische Truppen der Zeit des Ersten Kaiserreiches*, München 1978

GARRATT, JOHN G.: *Model Soldiers. A Collector's Guide*, London 1960, 2. Auflage 1971
— *Collecting Model Soldiers*, Newton Abbot – London – Vancouver – North Pomfret (VT) 1975
GAUCH, JOSEF: *Fahnen, erbeutet in den Schweizerkriegen. Sempacherzeit, Burgunderkriege, Schwabenkriege, Söldnerkriege*, Luzern 1939
GEBERT, CARL FRIEDRICH: »Die Zinngießer Hilpert in Nürnberg«, in: *Mitteilungen aus dem Germanischen Nationalmuseum*, Jahrgang 1914/15, S. 133ff.
GOODENOUGH, SIMON UND »TRADITION«: *Military Miniatures. The Art of Making Model Soldiers*, London 1977
GROBER, KARL: *Kinderspielzeug aus alter Zeit*, Berlin 1927

HAMPE, THEODOR: *Der Zinnsoldat. Ein deutsches Spielzeug*, Berlin 1924
HARRIS, HENRY: *Modell-Soldaten*, Frankfurt am Main 1972
HEINRICHSEN, E.: »Die Zinnfigurenfabrik Ernst Heinrichsen in Nürnberg«, in: *Der standhafte Zinnsoldat*, Januar 1924, S. 6ff.
HELM, ROBERT: *Nürnberger Zinnfiguren*, Nürnberg 1935

HELMBRECHT, BERNHARD/JOHANN REISCHL (Hg.): *Geschichte der Firma Haffner*, Fürth/Nürnberg–München 1973 (Privatdruck)

HEROLD, J. CHRISTOPHER/GORDON WRIGHT: *The Battle of Waterloo*, New York 1967

HINTZE, ERWIN: *Nürnberger Zinn*, Leipzig 1921

— *Nürnberger Zinngießer*, Leipzig 1921 (= Die deutschen Zinngießer und ihre Marken, Bd. II); *Die schlesischen Zinngießer* (= Die deutschen Zinngießer und ihre Marken, Bd. IV)

KANT, HUBERT: *Alt-Wiener Spielzeugschachtel. Wiener Spielzeug aus drei Jahrhunderten*, Wien 1961

KEBBEL, HARALD: »Bemalen von Zinnfiguren«, in: *Zinnfiguren in Nürnberg*, S. 49–53

KEBBEL, HARALD UND RENATE: *Bruckmann's Handbuch der Zinnfiguren*, München 1978

KOLLBRUNNER, CURT F.: »Warum sammle ich Zinnsoldaten?« in: *Figurina Helvetica* 12 (1953), Heft 2, S. 20–23

— »Die Etrusker«, in: *Figurina Helvetica* 12 (1953), Heft 4, S. 41–46

— »Die Hethiter«, in: *Figurina Helvetica* 13 (1954), Heft 4, S. 55–60

— *Die Schlacht bei Murten, dargestellt mit Zinnsoldaten der Sammlung Curt F. Kollbrunner*, Dietikon–Zürich 1970

— »Zinnfiguren als Stilmittel der visuellen Dokumentation«, in: *Figurina Helvetica* 34 (1975), S. 58–59

— »Die Schlacht bei Murten am 22. Juni 1476«, in: *Neujahrsblatt der Feuerwerker-Gesellschaft (Artillerie-Kollegium) in Zürich auf das Jahr 1978*, Zürich 1977

[Kosmos:] *Bunter Bilder-Kosmos. Menschen und Waffen*. Band 1: *Von der Urzeit bis 1870*, Stuttgart 1976

KURZ, HANS RUDOLF/HERMANN LEI/HUGO SCHNEIDER: *Das Schweizer Heer, von den Anfängen bis zur Gegenwart*, Dietikon–Zürich 1969

LACHOUQUE, HENRY: *Waterloo, 1815*, Paris 1972

LIEBE, GEORG: *Soldat und Waffenhandwerk*, Düsseldorf–Köln 1972 (Fotomechanischer Nachdruck der Ausgabe Leipzig 1899)

LILL, GEORG: »Nürnberger Zinnfiguren der Familie Hilpert«, in: *Kunst und*

Auswahlbibliographie

Handwerk, Zeitschrift des Bayerischen Kunstgewerbe-Vereins München, Jahrgang 1920, S. 70ff.

MAIER, TILO: »Herstellung von Zinnfiguren«, in: *Zinnfiguren in Nürnberg*, S. 35–36
MAIS, ADOLF: »Die Zinngießer Wiens«, in: *Jahrbuch der Vereine für Geschichte der Stadt Wien*, Band 14, 1958
MARTIN, PAUL: *St. Galler Fahnenbuch*, 2. Ausgabe, St. Gallen 1940
MARTIN, PAUL: *Soldats d'étain et Soldats de plomb*, Passepoil 1929–1932
— *Les Petits Soldats de Strasbourg*, Straßburg 1950
— *Le Monde merveilleux des Soldats de plomb* (unter Mitarbeit von MARCEL VAILLANT), Paris 1959
— *Der standhafte Zinnsoldat. Bunte Welt aus Zinn und Blei*, Stuttgart 1961
— »Die alte Zinnfigur in Straßburg um 1750 bis 1870«, in: *Figurina Helvetica* 24 (1965), S. 42–50
— *Soldaten im bunten Rock*, Band 2: *Die französische Armee 1789–1807* (unter Mitarbeit von HANS-JOACHIM ULLRICH), Stuttgart 1969
MCKENZIE, IAN: *Collecting Old Toy Soldiers*, London 1975
MEISTER, C. S.: *Die Standarten der Schweizer Kantone*, Königstein im Taunus 1923
MEYER-ZSCHOKKE, L.: »Die Schweizer Zinnfiguren-Industrie«, Ausstellung vom 25. März bis 16. April 1916, in: *Wegleitungen des Kunstgewerbemuseums der Stadt Zürich*, Nr. 12, 1916, S. 7ff.
Mitteilungen »Figurina Helvetica«: 1942, Heft 1, J. Welti, Alte Schweizer Zinnfiguren. 1960, Heft 1, R. Hanhart, Typenbestimmung der Aarau-Figuren, Sonderbundskrieg 1847. 1960, Heft 4, R. Hanhart, Typenbestimmung der Aarau-Figuren, Eidgenössische Ordonnanz 1862. 1964, Heft 1, M. Weilenmann, Rund um die Alt-Aarau-Figuren. Typenkatalog, hrsg. von Eugen Blum, zehn Tafeln mit willkürlicher Auswahl von Typen
MOLLO, JOHN/MALCOLM MACGREGOR: *Uniformen des amerikanischen Unabhängigkeits-Krieges*, München 1975
MOUILLARD, LUCIEN: *Régiments sous Louis XV*, Paris 1882
MÜHLEMANN, LOUIS: *Wappen und Fahnen der Schweiz*, Luzern 1977

NEUBECKER, OTTFRIED: *Fahnen und Flaggen*, Leipzig 1939
NICOLLIER, JEAN: *Soldats des collection, figurines de rêves* (unter Mitarbeit von PAUL MARTIN), Fribourg 1967

Auswahlbibliographie

Noury, Pierre: *Nos Drapeaux*, Paris 1939

Ochsenreiter, E.: *250 Jahre Weygang-Zinn, 1726–1976*, Öhringen 1976
Onken, Walter: *Zinnfiguren*, München 1976
Ortmann, Erwin: *Zinnfiguren einst und jetzt*, Zürich 1973

Passavant, Alexander von: »Pferdchen malen«, in: *Figurina Helvetica* 35 (1976), S. 59–63
Pleticha, Heinrich: *Weltgeschichte in Zinn* (mit einem Nachwort von Curt F. Kollbrunner), Gütersloh–Berlin 1976
Pohl, Heinz: »Die Verwendung von Kriegselefanten«, in: *Die neue Mölkerbastei*, Heft 7/8, 1976, S. 17–22, Heft 9, 1976, S. 9–14

Qarrie, Bruce: *Napoleon's Campaigns in Miniature*, Cambridge 1977 (= A. Wagramer's Guide to the Napoleonic Wars 1796–1815)

Rattelmüller, Paul Ernst: *Zinnfiguren – Die Welt in der Spanschachtel*, München 1971
Riff, Adolphe: *Les Etains strasbourgeois du XVIe au XIXe siècle*, Straßburg 1925
Roemer, F.: »Die Schlacht bei Kadesch, 1296 v. Chr.«, in: *Figurina Helvetica* 18 (1959), Heft 3, S. 38–47

Schirmer, Friedrich: *Umgang mit Zinnfiguren*, Sonderheft »Die Zinnfigur«, 2, 1967
Schneider, Hugo: »Schweizerische Bewaffnung zur Zeit der oberitalienischen Feldzüge«, in: *Figurina Helvetica* 17 (1958), Heft 3, S. 31–35
– »Schweizer Schützenfähnchen des 15. und 16. Jahrhunderts«, in *Zeitschrift für Schweizerische Archäologie und Kunstgeschichte* 32 (1975), Heft 4. Vgl. auch *Vexilla Helvetica*, Sondernummer 1975
Scholtz, Richard: »Beresina 1812«, in: *Figurina Helvetica* 32 (1973), S. 2–12
Schoemakers, G.: *Der Bürgerkrieg in Nordamerika*, Wels–München 1977
Schöttler, Ilse und Wolfgang: *Alte Verdener Handwerkskunst. Drei Generationen Zinngießer Engels*, Verden [o. J.]
Schweizer, Bruno: *Die Geschichte der Kleinzinngießerei in Dießen/A.*, Dießen am Ammersee, Obb. 1930

Auswahlbibliographie

SPECOVIUS, R.: »Die Zinngießerei Weygang in Göttingen«, in: *Göttinger Blätter* 1936, H. 2
SULZER, A.: »Einige Angaben und Bemerkungen zur Zinnfiguren-Herstellung in Aarau«, in: *Figurina Helvetica* 30 (1971), S. 61 ff.
SULZER, A.: »La Fête des vignerons 1833. Festfiguren aus der Aarauer Offizin Gottschalk«, in: *Figurina Helvetica* 31 (1972), S. 40 ff.

ULRICH, HANS-JOACHIM: *Soldaten im bunten Rock*. Franck'sche Verlagsbuchhandlung, Stuttgart. In dieser Reihe sind bis heute viele, sehr gut illustrierte Hefte herausgekommen, z.B.: 1. Die preußische Armee unter Friedrich Wilhelm II. und Friedrich Wilhelm III., 1786–1807. – 2. Die Französische Armee, 1789–1807 (Vgl. auch bei Paul Martin). – 3. Die preußische Armee, 1840–1871. – 4. Die preußische Armee, 1808–1839

Vexilla Helvetica, Jahrbuch der Schweizerischen Gesellschaft für Fahnen- und Flaggenkunde, Zürich 1969 ff.
VOGELBACH, PETER: »Technisches vom Dioramenbau«, in: *Figurina Helvetica* 19 (1960), Heft 2, S. 1–2.

WALLNER, RUDOLF: »Bemalen von Zinnfiguren«, in: *Zinnfiguren in Nürnberg*, S. 54–60
WEILENMANN, MAX: »Kasernierung von Zinnfiguren«, in: *Figurina Helvetica* 7 (1948), Heft 4, S. 42–44
— »Der Vorstand gießt«, in: *Figurina Helvetica* 8 (1949), Heft 1, S. 3–8
WELTI, JAKOB: »Das Zinnbild der Jungfrau von Orléans«, in: *Figurina Helvetica* 7 (1948), Heft 2, S. 11–14
— »Wo halten wir?« in: *Figurina Helvetica* 11 (1952), Heft 4, S. 46–47
WINDROW, MARTIN/GERRY EMBLETON: *Military Dress of the Peninsular War, 1808–1814*, Shepperton 1974
WITTICHEN, J.: *Celler Zinngießer*, Celle 1974

ZENS, GÜNTER: »Entgraten von Zinnfiguren«, in: *Zinnfiguren in Nürnberg*, S. 38–41

Abbildungsnachweis

Die Aufnahmen zum vorliegenden Werk stammen von folgenden Fotografen oder Institutionen, denen hiermit gedankt sei:

F. Aeberli, Zürich: 2, 3, 6, 53–61, 66–74, 76–93, 94b, 95–104, 106–110, 116–121, 124–127, 129–136, 142, 149–181, 183–192, 196–199, 202–210, 213, 214, 219–232, 235–249, 251–259, 263–279, 281–284; J. Bräm, Zürich: 43, 140; P. Frey, Zürich: 5, 63–65, 75, 94a, 211, 212, 233, 250, 260, 280; Friebe Fotodienst, Zürich: 215, 216; R. Hirt, Zürich: 8, 9, 20, 26a, 26b, 31; S. Künzli, Zürich: 137–139, 141, 143–148; S. Lauterwasser, Überlingen: 62, 105. 111–115, 122, 123, 217, 218; P. M. Mäder, Küsnacht: 1, 4, 7, 18, 19, 22a, 22b, 24, 28, 30, 33–35, 182, 193–195, 200, 201, 234, 261, 262; E. Mörk, Offenburg: 42; Foto Reger, München: 44, 45. 46.

Museum Schlößli, Aarau: 27, 29; Historisches Museum, Basel: 32; Kunstgewerbemuseum der Stadt Köln: 10, 11, 14, 16, 17; Zinnfigurenmuseum Kulmbach-Plassenburg: 47, 48, 49; Germanisches Nationalmuseum, Nürnberg: 21, 23, 25; Museum Zofingen, Kanton Aargau: 12, 13; Du. Kulturelle Monatsschrift, Zürich: 128.

Die Zeichnungen zum Kapitel »Flache Zinnfiguren als Spielzeug« stammen wie die Übersichtskarte im Anhang von P. M. Mäder.